大数据时代下
企业财务管理与风险管控

唐梅芝 石志勇 周 昕◎著

中国书籍出版社
China Book Press

图书在版编目（CIP）数据

大数据时代下企业财务管理与风险管控/唐梅芝，石志勇，周昕著. -- 北京：中国书籍出版社，2024.1
ISBN 978-7-5068-9573-6

Ⅰ.①大… Ⅱ.①唐… ②石… ③周… Ⅲ.①企业管理—财务管理—风险管理 Ⅳ.① F275

中国国家版本馆 CIP 数据核字 (2023) 第 177790 号

大数据时代下企业财务管理与风险管控
唐梅芝　石志勇　周　昕　著

图书策划	邹　浩
责任编辑	李　新
责任印制	孙马飞　马　芝
封面设计	博健文化
出版发行	中国书籍出版社
地　　址	北京市丰台区三路居路 97 号（邮编：100073）
电　　话	（010）52257143（总编室）　（010）52257140（发行部）
电子邮箱	eo@chinabp.com.cn
经　　销	全国新华书店
印　　厂	北京四海锦诚印刷技术有限公司
开　　本	710 毫米 × 1000 毫米　1/16
印　　张	11.25
字　　数	218 千字
版　　次	2024 年 1 月第 1 版
印　　次	2024 年 1 月第 1 次印刷
书　　号	ISBN 978-7-5068-9573-6
定　　价	68.00 元

版权所有　翻印必究

前言

随着信息技术的飞速发展,大数据时代已经来临。大数据技术的渗透与应用,给企业的经营管理带来了前所未有的挑战和机遇。在这个数字化、信息化的时代背景下,企业财务管理与风险管控面临着新的变革和升级。

基于此,本书以"大数据时代下企业财务管理与风险管控"为题,首先,从企业财务管理与风险概述切入,内容包括企业财务管理及环境分析、企业财务风险及其基本特征、企业财务管理的意义;其次,对企业财务管理的内容范畴、企业财务风险的传导机理、企业财务管理的财务分析与财务评价展开讨论;再次,阐释财务管理与大数据的基本关系、大数据时代的企业财务管理体系构建、大数据视域下企业财务管理创新;然后,讨论大数据在风险识别和管控、财务风险预警中的应用、大数据视域下的企业风险管理创新;接下来,分析基于财务共享的财务管理创新研究、大数据驱动的企业财务管理信息化、大数据时代的企业财务风险评价体系;最后,具体讨论大数据技术在财务数据上的分析与应用、大数据及可视化技术与财务分析的融合、大数据时代下企业财务决策和内部控制。

本书从多个角度阐述主题,写作中力争做到详略得当,结构布局合理、严谨,语言准确,在有限的篇幅内,做到内容系统简明、概念清晰准确、文字通顺简练,形成一个完整的、循序渐进、便于阅读与研究的文章体系。

本书的撰写得到了许多专家学者的帮助和指导,在此表示诚挚的谢意。由于笔者水平有限,加之时间仓促,书中所涉及的内容难免有疏漏与不够严谨之处,希望各位读者多提宝贵意见,以待进一步修改,使之更加完善。

目 录

第一章　企业财务管理与风险概述 …………………………………… 1

第一节　企业财务管理及环境分析 ……………………………………… 1

第二节　企业财务风险及其基本特征 …………………………………… 15

第三节　企业财务管理的意义 …………………………………………… 21

第二章　企业财务管理与风险管控细则 ……………………………… 25

第一节　企业财务管理的内容范畴 ……………………………………… 25

第二节　企业财务风险的传导机理解读 ………………………………… 48

第三节　企业财务管理的财务分析与财务评价 ………………………… 72

第三章　大数据在企业财务管理中的应用 …………………………… 102

第一节　财务管理与大数据的基本关系 ………………………………… 102

第二节　大数据时代的企业财务管理体系构建 ………………………… 109

第三节　大数据视域下企业财务管理创新 ……………………………… 111

第四章　大数据在企业风险管理中的应用 …………………………… 114

第一节　大数据在风险识别和管控中的应用 …………………………… 114

第二节　大数据在财务风险预警中的应用 ……………………………… 119

第三节　大数据视域下的企业风险管理创新 …………………………… 122

第五章　企业财务管理与风险管控的创新途径 ………………… 126

第一节　基于财务共享的财务管理创新研究 …………………… 126
第二节　大数据驱动的企业财务管理信息化 …………………… 136
第三节　大数据时代的企业财务风险评价体系 ………………… 141

第六章　大数据时代下的企业财务管理与风险管控实践 ……… 146

第一节　大数据技术在财务数据的分析与应用 ………………… 146
第二节　大数据及可视化技术与财务分析的融合 ……………… 152
第三节　大数据时代下企业财务决策和内部控制 ……………… 157

参考文献 ……………………………………………………………… 173

第一章 企业财务管理与风险概述

第一节 企业财务管理及环境分析

一、企业财务管理的内容

（一）资金及其运动形式

1. 资金运动的含义

企业的再生产过程是一个不断循环和发展变化的过程。这一过程的开始总是通过各种渠道来取得资金，如投资者投入或借入资金，企业取得资金的活动称为资金投入。

从静态来看，企业所取得的资金总是表现为一定的财产物资，但从动态分析，企业资金总是不断地从一种形态转化成另一种形态，也就是说，企业的资金总是处于不断的运动之中，企业也正是在资金运动中提供各种商品和服务，从而不断发展壮大。例如，在生产型企业再生产过程中，资金从货币形态开始，依次通过供应、生产和销售三个阶段，分别表现为不同的形态，最终又回到货币形态，这就是资金的循环。而企业的资金循环又周而复始，不断重复进行，这就是资金周转。

有时，部分资金并不直接参与企业再生产过程，而投资到其他单位，成为对外投资；还有部分资金并不总是处于企业再生产过程中，而退出企业的资金循环和周转过程，如上缴税费、分配利润、归还债务等，称之为资金退出。把企业资金投入、资金循环和周转以及资金退出等统称为企业的资金运动。

2. 资金的运动形式

（1）货币资金。货币资金是企业以现金、银行存款或其他可用于结算和支付形态存在的资金。企业因采购物资、发放工资、支付税费和归还债务等财务活动需要，必须持有适量的货币资金。

(2) 固定资金。固定资金是企业固定资产所占用的资金。企业为组织再生产过程，必须拥有厂房、设备等生产资料。

(3) 储备资金。储备资金是企业占用在各种材料物资上的资金。如何根据企业生产需要，合理组织材料物资供应，是企业再生产能顺利进行的必要前提。

(4) 在产品资金。在产品资金是企业占用在生产过程中的资金。在产品资金通常由储备资金、固定资金和其他形式资金转化而来，是再生产连续进行的必要环节。

(5) 成品资金。成品资金又称商品资金，是企业占用在产成品上的资金。就企业经营目标而言，企业商品能尽可能多地销售出去、资金能尽可能快地实现回收当然是好事，但往往由于各种原因，总有一些商品处于待售状态，资金不能及时回收。这就涉及如何进行销售管理，如何制定合适的销售政策。

除上述几种主要资金运动形式外，企业资金还包括结算资金、对外投资资金和待分配资金等不同形式。

(二) 企业财务活动

1. 投资活动

投资活动是企业将资金用于对内投资和对外投资的行为。我们把企业将资金用于购建固定资产或无形资产的行为称为对内投资或项目投资，而企业将资金用于购买其他企业的股票、债券或直接投资到其他单位的行为称为对外投资。无论是对内投资还是对外投资，都包括资金支出和收回两个方面。

2. 筹资活动

筹资活动是企业发生的与资金筹集相关的各项经济活动。从企业资金来源渠道看，筹资活动包括权益资金筹集（如发行股票、吸收直接投资等）和借入债务（如发行债券、银行借款和其他单位借款等）；从资金流向看，筹资活动包括资金流入（如发行股票或债券获得资金、借入资金等）和流出两个方面（如归还借款和支付利息、股息、筹资费用等）。

3. 营运活动

营运活动是指企业日常正常生产经营活动。在企业日常经营活动过程中，会发生一系列收支活动，如物资采购、支付工资和各项费用、销售商品收回资金等。

4. 分配活动

分配活动是指企业将一定时期收支配比实现利润后，按规定上交各项税费、补偿各项耗费和损失、提取公积金和公益金、向投资者分配利润等一系列经济活动。

上述四个方面的财务活动并不是孤立的，而是相互联系、相互依存又相互区别的。筹资活动是基础，投资活动和营运活动是主体，分配活动是资金循环的终点和新的起点。正是这四个方面构成了企业财务管理的主要内容。

(三) 企业财务关系

1. 企业与国家的财务关系

企业与国家的财务关系主要是企业依法开展各种经营活动，接受国家有关部门的监督管理，并按规定交纳各项税费；国家保障企业的各种合法权益并为企业创造良好的生产经营环境。其中最主要的是税收征纳关系。企业与财政部门、税务部门、审计部门和工商管理部门的关系都是企业与国家关系的具体体现。

2. 企业与债权人、债务人之间的财务关系

企业一方面可以作为债务人向金融机构、其他单位或个人借入资金；另一方面可以作为债权人向其他单位或个人提供资金。企业作为债务人必须按约定归还债务并支付利息，企业作为债权人，也同样将按规定收回资金并收取利息。企业与债权人、债务人之间的关系就是债权债务关系。

3. 企业与投资人、被投资人之间的财务关系

投资人是企业的所有权人，可以是国家、法人单位、个人或外商。一方面，投资人要按合同、协议、章程的约定履行出资义务；另一方面，企业应按出资比例或合同、章程的约定向其所有者分配利润。当企业向其他单位投资时，企业扮演着出资人角色，一方面应按约定出资，另一方面按规定参与被投资企业的利润分配。因此，企业与投资人、被投资人之间的关系实质上是所有权与经营权的关系。

4. 企业内部的财务关系

企业内部的财务关系主要包括内部各部门之间的关系和企业与职工的关系。企业内部各部门相互协调、相互配合、相互提供产品或劳务，但在按劳分配和内部经济核算的前提下，各部门也有相对独立的经济利益，从而形成内部资金结算关系。在企业与职工的关系中，一方面，职工应按企业要求履行劳动职责，完成工作任务；另一方面，企业应按劳动数量或质量向职工支付劳动报酬，从而体现了企业与职工在劳动成果上的分配关系。

5. 企业与其他有关单位的财务关系

在企业经营活动过程中，除与国家有关管理部门、投资和被投资人、债权和债务人发

生各种财务关系外，还经常与银行、会计师事务所、资产评估机构等发生财务关系。企业与银行等金融机构关系是一种金融管理和金融中介服务关系；企业与会计师事务所、资产评估机构的关系是一种社会会计和审计服务、资产价值鉴定服务关系。

在企业外部财务关系中，某一特定主体可能同时扮演多重角色，与企业产生几种不同的财务关系。如银行可能既是企业债权人又是企业债务人，同时对企业实施金融管理、提供金融中介服务。

二、企业财务管理的目标

（一）财务管理目标的内涵与特征

1. 财务管理目标的基本内涵

财务管理目标是企业理财活动所希望实现的结果，是评价企业理财活动是否合理的基本标准。"财务管理目标是企业理财所要达到的最终的目的，具有稳定性、多元性和层次性，与企业的目标是相一致的，符合企业管理目标。"[①]

财务管理目标直接反映着理财环境的变化，并根据理财环境的变化作适应性调整，它是财务管理理论体系中的基本要素和行为导向，是财务管理实践中进行财务决策的出发点和归宿。财务管理目标制约着财务运行的基本特征和发展方向，是财务运行的一种驱动力。不同的财务管理目标，会产生不同的财务管理运行机制。科学地设置财务管理目标，对优化理财行为、实现财务管理的良性循环具有重要意义。财务管理目标作为企业财务运行的导向力量，设置若有偏差，则财务管理的运行机制就很难合理。因此，研究财务管理目标问题，既是建立科学的财务管理理论结构的需要，也是优化我国财务管理行为的需要，无论在理论上还是在实践上，都有着重要意义。

2. 财务管理目标的主要特征

（1）稳定性。任何一种财务管理目标的出现，都是一定的政治、经济环境的产物，随着环境因素的变化，财务管理目标也可能发生变化。例如，西方财务管理目标就经历了"筹资数量最大化""利润最大化"和"股东财富最大化"等多个阶段，这些提法虽然有相似之处，但也有很大的区别。在我国，财务管理的目标过去虽未明确提出过，但在过去计划经济体制下，财务管理是围绕国家下达的产值指标来进行的，可以概括为"产值最大化"。

---

① 张金寿. 谈企业财务管理的目标 [J]. 淮南职业技术学院学报，2002, 2 (2): 11.

改革开放以来，我国企业最关心的是利润的多少，企业财务管理工作围绕利润来进行，可以把财务管理的目标概括为"利润最大化"。人们对财务管理目标的认识是不断深化的，但财务管理目标是财务管理的根本目的，对财务管理目标的概括凡是符合财务管理基本环境和财务活动基本规律的，就能为人们所公认，否则就被遗弃，但在一定时期或特定条件下，财务管理的目标是保持相对稳定的。

（2）层次性。层次性是指财务管理目标是由不同层次的系列目标所组成的目标体系。财务管理目标之所以具有层次性，主要是因为财务管理的具体内容可以划分为若干层次。例如，企业财务管理的基本内容可以划分为筹资管理、投资管理、营运资金管理和收益分配管理等方面，而每一方面又可以再进行细分，例如，投资管理就可以再分为研究投资环境、确定投资方式、作出投资决策等方面。财务管理内容的这种层次性和细分化，使财务管理目标成为一个由整体目标、分部目标和具体目标三个层次构成的层次体系。

（3）多元性。多元性是指财务管理目标不是单一的，而是适应多因素变化的综合目标群。现代财务管理是一个系统，其目标也是一个多元的有机构成体系。在这多元目标中，有一个处于支配地位，起主导作用的目标，称之为主导目标；其他一些处于被支配地位，对主导目标的实现有配合作用的目标，称之为辅助目标。例如，企业在努力实现"企业价值最大化"这一主导目标的同时，还必须努力实现履行社会责任、加速企业成长、提高企业偿债能力等一系列辅助目标。

（二）财务管理目标的主要内容

1. 整体目标

整体目标是指整个企业财务管理所要达到的目标。整体目标决定着分部目标和具体目标，决定着整个财务管理过程的发展方向，是企业财务活动的出发点和归宿。

企业财务管理的整体目标应该与企业的总体目标具有一致性。从根本上讲，社会主义企业的目标是通过企业的生产经营活动创造出更多的财富，最大程度地满足人民物质生活和文化生活的需要。

（1）以股东财富最大化为目标。股东财富最大化是指通过财务上的合理经营，为股东带来最多的财富。在股份经济条件下，股东财富由其所拥有的股票数量和股票市场价格两方面来决定。在股票数量一定时，当股票价格达到最高时，则股东财富也达到最大。所以，股东财富最大化，又演变为股票价格最大化。与利润最大化目标相比，股东财富最大化目标有其积极的方面，这是因为：①股东财富最大化目标考虑了风险因素，因为风险的高低，会对股票价格产生重要影响；②股东财富最大化在一定程度上能够克服企业在追求利润上的短期行为，因为不仅目前的利润会影响股票价格，预期未来的利润对企业股票价格也会产生重要影响；③股东财富最大化目标比较容易量化，便于考核和奖惩。

(2) 以利润最大化为目标。利润最大化是西方微观经济学的理论基础。西方经济学家以往都是以利润最大化这一概念来分析和评价企业的行为和业绩的。因为企业是以盈利为目的的经济组织，所以这个目标很容易被人们所接受。

随着我国经济体制改革的不断深入，经济体制从高度集中的产品经济转向商品经济，企业的经营权限不断扩大，企业的经济利益得到确认，这使得企业不得不关心市场，关心利润。在经济体制改革过程中，国家把利润作为考核企业经营情况的首要指标，把企业职工的经济利益与企业实现利润的多少紧密地联系在一起，这也使得利润逐步成为企业运行的主要目标。以利润最大化作为财务管理的目标，有其合理的一面。企业追求利润最大化，就必须讲求经济核算，加强管理，改进技术，提高劳动生产率，降低产品成本。这些措施都有利于资源的合理配置，有利于经济效益的提高。

(3) 以企业价值最大化为目标。企业价值最大化是指通过企业财务上的合理经营，采用最优的财务政策，充分考虑资金的时间价值和风险与报酬的关系，在保证企业长期稳定发展的基础上，使企业总价值达到最大。这一定义看似简单，实际包括丰富的内涵，其基本思想是将企业长期稳定发展摆在首位，强调在企业价值增长中满足各方的利益关系，具体内容包括：①强调风险与报酬的均衡，将风险限制在企业可以承担的范围之内；②创造与股东之间的利益协调关系，努力培养稳定的股东；③关心本企业职工的利益，创造优美和谐的工作环境；④不断加强与债权人的联系，重大财务决策请债权人参加讨论，培养可靠的资金供应者；⑤关心客户的利益，在新产品的研制和开发上有较高投入，不断推出新产品来满足顾客的要求，以便保持销售收入的长期稳定增长；⑥讲求信誉，注意企业形象的宣传；⑦关心政府政策的变化，努力争取参与政府制定政策的有关活动，以便争取出现对自己有利的法规，但一旦立法颁布实施，不管是否对自己有利，都会严格执行。

以企业价值最大化作为财务管理的目标，具有三个优点：①企业价值最大化目标考虑了取得报酬的时间，并用时间价值的原理进行了计量；②企业价值最大化目标科学地考虑了风险与报酬的联系；③企业价值最大化能克服企业在追求利润上的短期行为，因为不仅目前的利润会影响企业的价值，预期未来的利润对企业价值的影响所起的作用更大。进行企业财务管理，就是要正确权衡报酬增加与风险增加的得与失，努力实现两者之间的最佳平衡，使企业价值达到最大。因此，企业价值最大化的观点，体现了对经济效益的深层次认识，它是现代财务管理的最优目标。所以，应以企业价值最大化作为财务管理的整体目标，并在此基础上，确立财务管理的理论体系和方法体系。企业价值最大化这一目标，最大的问题可能是其计量问题，从实践上看，可以通过资产评估来确定企业价值的大小。

2. 分部目标

（1）企业筹资管理的目标。企业筹资管理的目标是在满足生产经营需要的情况下，不断降低资金成本和财务风险。任何企业，为了保证生产的正常进行或扩大再生产的需要，必须具有一定数量的资金。企业的资金可以从多种渠道用多种方式来筹集，不同来源的资金，其可使用时间的长短，附加条款的限制和资金成本的大小都不相同。这就要求企业在筹资时不仅需要从数量上满足生产经营的需要，而且要考虑到各种筹资方式给企业带来的资金成本的高低以及财务风险的大小，以便选择最佳筹资方式，实现财务管理的整体目标。

（2）企业投资管理的目标。企业投资管理的目标是认真进行投资项目的可行性研究，力求提高投资报酬，降低投资风险。企业筹来的资金要尽快用于生产经营，以便取得盈利。但任何投资决策都带有一定的风险性，因此，投资时，必须认真分析影响投资决策的各种因素，科学地进行可行性研究。对于新增的投资项目，一方面，要考虑项目建成后给企业带来的投资报酬；另一方面，也要考虑投资项目给企业带来的风险，以便在风险与报酬之间进行权衡，不断提高企业价值，实现企业财务管理的整体目标。

（3）企业利润管理的目标。企业利润管理的目标采取各种措施，努力提高企业利润水平，合理制定利润分配政策和方案，兼顾各方面利益，处理好眼前和长远利益关系，创造和谐的经营环境。企业进行生产经营活动，要发生一定的生产消耗，并取得一定的生产成果，获得利润。企业财务管理必须努力挖掘企业潜力，促使企业合理使用人力和物力，以尽可能少的耗费取得尽可能多的经营成果，增加企业盈利，提高企业价值。企业实现的利润，要合理进行分配。企业的利润分配关系着国家、企业、企业所有者和企业职工的经济利益。分配时，一定要从全局出发，正确处理国家利益、企业利益、企业所有者利益和企业职工利益之间可能发生的矛盾。要统筹兼顾，合理安排，而不能只顾一头，不顾其他。

（4）企业营运资金管理的目标。企业营运资金管理的目标是合理使用资金，加速资金周转，不断提高资金的利用效果。企业的营运资金，是为满足企业日常营业活动的要求而垫支的资金，营运资金的周转，与生产经营周期具有一致性。在一定时期内资金周转越快，就越是可以利用相同数量的资金生产出更多的产品，取得更多的收入，获得更多的报酬。因此，加速资金周转，是提高资金利用效果的重要措施。

三、企业财务管理的方法

(一) 财务预测

"财务预测是财务管理中的重要组成部分,利用预测数据提升企业财务管理水平,提高企业财务资源利用效率与效益,具有重要意义。"[①]

1. 财务预测的程序与种类

(1) 财务预测的一般程序。

第一,明确预测的对象和目的。

第二,收集和整理有关信息资料。

第二,选用特定的预测方法进行预测。

(2) 财务预测的种类。

第一,按预测的时间长短不同,可以分为短期预测、中期预测和长期预测。预测期在1年以下的是短期预测,预测期在1~5年内的是中期预测,预测期在5年以上的是长期预测。

第二,按预测的内容不同,可以分为生产预测、销售预测、利润预测和资金预测等。生产预测是对生产规模、生产消耗等进行的预测;销售预测是对销售数量、销售趋势、市场变化等进行的预测;利润预测是在收入和成本费用预测基础上对目标利润的预测;资金预测是对资金供求及其变化趋势进行的预测。

第三,按预测方法不同,可以分为定性预测和定量预测。

2. 财务预测的基本方法

(1) 定性预测方法。定性预测法又称经验判断法、专家分析法,它主要是利用直观材料,依靠个人经验的主观判断和综合分析能力,对事物未来的状况和趋势作出预测。这种方法一般是在企业缺乏完备、准确的历史资料的情况下采用的。其预测过程是:首先,由熟悉企业财务情况和生产经营情况的专家根据过去所积累的经验进行分析判断,提出预测的初步意见;然后,再通过召开座谈会或发出各种表格等形式,对上述预测的初步意见进行修正补充。这样,经过几次反复后,得出预测的最终结果。

(2) 定量预测方法。定量预测法是根据变量之间存在的数量关系(如时间关系、因果关系)建立数学模型来进行预测的方法。定量预测法又可分为趋势预测法和因果预

[①] 刘明玺.财务预测管理体系构建[J].国际商务财会,2021(3):81.

测法。

第一，趋势预测法。趋势预测法是按时间顺序排列历史资料，根据事物发展的连续性来进行预测。由于这种方法是按时间顺序排列历史资料，所以又称时间序列预测法。它又可细分为算术平均法、加权平均法、指数平滑法、直线回归趋势法和曲线回归趋势法等。

第二，因果预测法。因果预测法是根据历史资料，通过综合分析，找出要预测因素与其他因素之间明确的因果关系，建立数学模型来进行预测。因果预测法中的因果关系可能是简单因果关系，也可能是复杂因果关系。例如，企业销售收入只与销售价格、销售数量呈简单因果关系，而销售利润则与销售数量、销售价格、销售税金、销售成本等呈复杂因果关系。只有合理地找出变量之间的因果关系，才能科学地进行预测。

定性预测法和定量预测法各有优缺点，在实际工作中，可把两者结合起来应用，既进行定性分析，又进行定量分析。

(二) 财务预算

财务预算也称财务计划，是在一定的计划期内以货币形式反映生产经营活动所需要的资金及其来源、财务收入和支出、财务成果及其分配的计划。财务预算是以财务决策确立的方案和财务预测提供的信息为基础来编制的，是财务预测和财务决策的具体化，是控制财务活动的依据。

第一，财务预算的步骤。①根据财务预测和财务决策的要求，分析主、客观条件，全面安排预算指标；②对需要与可能进行协调，实现综合平衡；③调整各种指标，编制出计划表格；④完成预算，编写说明。

第二，财务预算内容。①现金预算。现金预算是对企业在未来特定时期的现金流入与现金流出所作的预计，也是对现金收支差额提出平衡措施的计划；②成本预算。成本预算是在成本预测基础上，对企业一定时期的成本费用指标作出计划安排，如生产成本计划、制造费用计划、可比产品成本降低计划、期间费用计划等；③销售预算。销售预算是根据对收入和利润的预测，对一定时期的销售收入等作出的计划安排。

(三) 财务控制

1. 财务控制的概念与种类

财务控制是指在财务管理过程中，利用有关信息和特定手段，对企业的财务活动施加影响或调节，以便实现计划所规定的财务目标。

(1) 前馈性控制。前馈性控制又称补偿干扰控制，是指通过对实际财务系统运行的监视，运用科学方法预测可能出现的偏差，采取一定措施，使差异得以消除的一种控制方法。例如，在控制企业短期偿债能力时，要密切注意流动资产与流动负债的对比关系，预测这一比例的发展趋势。当预测到这一比率将变得不合理时，就要采用一定方法对流动资产或流动负债进行调整，使它们的对比关系保持在合理水平上，补偿干扰也是一种比较好的控制方法，但要求掌握大量的信息，并要进行准确的预测，只有这样，补偿干扰才能达到目的。

（2）防护性控制。防护性控制又称排除干扰控制，是指在财务活动发生前就制定一系列制度和规定，从而把可能产生的差异予以排除的一种控制方法。例如，为了保证现金的安全和完整，就要规定现金的使用范围，制定好内部牵制制度；为了节约各种费用开支，则可事先规定开支标准等。排除干扰是最彻底的控制方法，但排除干扰要求对被控制对象有绝对的控制能力。在财务管理中，各种事先制定的标准、制度、规定都可以看作是排除干扰的方法。

（3）反馈控制。反馈控制又称平衡偏差控制，是在认真分析的基础上，发现实际与计划之间的差异，确定差异产生的原因，采取切实有效的措施，调整实际财务活动或调整财务计划，使差异得以消除或避免今后出现类似差异的一种控制方法。平衡偏差控制所平衡的总是实际产生的偏差。在平衡偏差的过程中由于时滞的存在，还可能会造成新的偏差。但平衡偏差运用起来比较方便，一般不需太多的信息，因为它是根据实际偏差随时调节的。当干扰不能预计或发生很频繁时，平衡偏差是进行控制的典型方法。财务活动受外部环境的干扰较重，因此，在财务控制中，最常用的控制方法便是反馈控制法。

2. 财务控制的主要内容

（1）现金控制。现金控制就是根据有关管理规范和现金预算等对现金收、支、存的控制及管理。

（2）存货控制。存货控制是根据生产和销售计划、存货管理制度等对存货购、销、存的控制及管理。

（3）成本控制。成本控制是根据成本预算、生产计划以及成本管理制度等对企业一定时期成本费用开支进行的控制及管理。

（四）财务分析

财务分析是根据有关信息资料，运用特定方法，对企业财务活动过程及其结果进行分析和评价的一项工作。通过财务分析，可以掌握各项财务计划指标的完成情况，评价财务状况，研究和掌握企业财务活动的规律性，改善财务预测、决策、计划控制，提高企业经济效益，改善企业管理水平。

1. 财务分析的基本程序

（1）确立题目，明确目标。

（2）收集资料，掌握情况。

（3）运用方法，揭示问题。

（4）提出措施，改进工作。

2. 财务分析的主要方法

（1）对比分析法。对比分析法是通过把有关指标进行对比来分析企业财务情况的一种方法。对比分析法要对同一指标的不同方面进行比较，从数量上确定差异，为进一步查找差异原因提供依据。例如，通过同计划数的对比，可以查明该项指标完成计划的程度；通过同历史时期有关数字的对比，可以发现有关财务指标的变动趋势；通过与同类企业之间的有关指标的对比，可以发现先进和落后之间的差距。对比分析法是一种比较好的分析方法，它具有适应面广、分析过程简单、揭示问题清楚等特点。但任何事物之间，只有遵循一定条件，才具有可比性，因此，在运用对比分析法时，必须注意各种指标之间是否可比。

（2）比率分析法。比率分析法是把有关指标进行对比，用比率来反映它们之间的财务关系，以揭示企业财务状况的一种分析方法。根据分析的不同内容和要求，可以计算各种不同的比率以进行对比。

第一，构成比率。构成比率是计算某项指标的各个组成部分占总体的比重，分析其构成内容的变化，从而掌握该项财务活动的特点与变化趋势。例如，将负债资金同全部资金进行对比，求出负债比率，便可揭示财务风险的大小。

第二，相关指标比率。相关指标比率是根据财务活动存在的相互依存、相互联系的关系，将两个性质不同但又相关的指标数值相比，求出比率，以便从财务活动的客观联系中进行研究，更深地认识企业的财务状况。例如，将资金指标同销售指标、利润指标进行对比，便求出资金周转率、资金利润率，以便更深入地揭示企业财务状况和经营成果。

第三，动态比率。这是将某项指标的不同时期的数值相比，求出比率，观察财务活动的动态变化程度，分析有关指标的发展方向和增减速度。

比率分析是财务分析的一种重要方法。通过各种比率的计算和对比，基本上能反映出一个企业的偿债能力、盈利能力、资产周转状况和盈余分配情况，该方法具有简明扼要、通俗易懂的特点，很受各种分析人员的欢迎。

（3）综合分析法。综合分析法是把有关财务指标和影响企业财务状况的各种因素都有序地排列在一起，以综合地分析企业财务状况和经营成果的一种方法。对任何单一指标、单一因素进行分析，都不能全面评价企业的财务状况及其发展变动趋势，必须进行综合分析，才能对企业财务状况作出全面、系统的评价。在进行综合分析时，可采用财务比率综合分析法、因素综合分析法和杜邦分析法等。

四、企业财务管理的环境

（一）财务管理的外部环境

1. 经济环境

"企业财务活动在相当大程度上受理财环境的制约。"[1] 经济环境是指影响财务管理活动的各种经济因素，如经济体制、经济发展水平、经济周期、金融环境、市场环境等。

在计划经济体制下，企业财务管理权力很小、内容单一、方法简单；而在市场经济体制下，企业自主经营，自负盈亏，企业必须根据自身条件和外部环境变化作出各种财务决策并组织实施，因此内容丰富、方法多样，也要求财务管理人员必须有较高的素质。

经济发展水平制约并决定着财务管理水平的高低，经济越发达，财务管理水平也越高。同时，在不同经济发展水平下，财务管理的内涵和要求也有较大差异。随着我国经济的高速发展，企业财务管理水平也日益提高，财务管理内容更加丰富，方法也更加多样化。

市场经济总是在周期性波动中运行，并依次经历萧条、复苏、繁荣和衰退四个不同阶段，这就是经济周期。而在不同阶段，企业理财的方法、原则、具体措施等都会有很大差异，例如，在繁荣阶段，企业一般会增加投资，扩大生产，而在萧条时期，企业通常会收缩投资，加速资金回笼。另外，作为一个高水平的理财人员，总是要对经济的周期性波动作出预测，并适时调整理财策略和方法。

金融环境是任何一个财务管理人员都必须面对的一个重要因素，无论是筹资、投资还是日常财务管理活动，都是在特定金融环境下进行的。因此，财务管理人员必须充分认识所面临的金融环境，判断金融形势和金融环境的变化，随时调整企业投资、筹资和其他财务活动策略和方法。

企业所处的市场环境对企业财务管理活动有着极其重要的影响。每个企业在市场中都

---

[1] 卢军. 财务管理环境研究 [J]. 科教文汇，2007（27）：183.

同时扮演着供应者和需求者两重角色,而供应者和需求者的数量、商品和服务的差异程度是市场环境中两个最重要的因素,据此可以从理论上把企业所处的市场分为完全垄断、完全竞争、不完全竞争和寡头垄断四种类型。显然,在不同类型下,企业财务管理方法和策略也有根本差别,相对而言,竞争越激烈,对理财人员的要求就越高。

2. 政治环境

政治环境是指国家的政治制度、政府机制、社会稳定性等方面因素。不同政治体制下,国家的根本目标不同。我国作为社会主义国家,其根本目标是通过发展经济,保持社会稳定,以满足人民日益增长的物质文化生活需要。这就决定了我国企业理财目标必须服从国家根本目标,应把国家利益、集体利益和个人利益有机结合起来,不能以牺牲国家利益、社会利益为代价,片面追求企业和个人利益。政府机制对企业理财也有重大影响。

在高度集中的计划经济体制下,企业理财的能动性很小,企业的各项收支活动都必须无条件地服从政府的安排和管理;而在市场经济体制下,政府对企业的直接行政干预越来越少,而主要是通过经济、法律等间接手段影响企业行为,企业理财有更大的机动性和灵活性。社会稳定性对企业理财目标、方法及各项经济活动都会产生巨大影响。如果社会安定,经济发展平稳,企业理财就更注重长远和战略性目标,企业的各种经济行为也呈良性发展;反之,如果社会不安定,经济波动较大,企业往往更注重眼前目标,导致企业行为短视。当然,政治环境对企业经济活动影响是极其复杂的,作为一个合格的理财人员,必须具备较强的政治敏感性。

3. 法律环境

法律环境是指影响企业财务活动和财务关系的各种法律因素。企业理财既要依据相关法律,同时又受到法律规范的约束,这些法律因素可以从筹资、投资、资金营运、收益分配等不同方面制约企业财务活动和行为。对企业财务管理产生较大影响的法规有会计法规、企业法规、金融法规、合同法、税法等。

4. 自然环境

自然环境是指影响企业财务活动的各种自然因素。自然环境不仅直接影响企业的财务行为,更通过对其他环境因素的影响而间接影响企业财务活动和财务关系。例如,气候环境、水资源环境、生物资源环境、矿产资源环境以及其他地理环境因素的变化都可能直接或间接引起企业战略或决策变化,从而对企业行为及其结果产生巨大影响。

5. 人文环境

人文环境是指社会环境中影响企业财务活动和财务关系的风俗习惯、社会风气、人口素质等诸方面因素。企业理财必须充分考虑当时当地的风俗习惯、社会风气、人口素质等情况，制定合理的经营战略，选择恰当的理财方法，抓住有利机遇，规避不利的人文限制因素。

（二）财务管理的内部环境

1. 企业组织形式

企业组织简单地说就是企业的所有权归属和所有权关系。企业组织形式通常有独资企业、合伙企业和公司制企业三种类型，不同的企业组织形式，对企业理财也有着重要影响。

独资企业是只有一个出资人或所有者的企业。独资企业理财比较简单，主要利用自己的资金，信用能力较低，筹资、投资和收益分配都很简单。

合伙企业是由两个以上的业主共同出资、共同拥有、共同经营的企业。合伙企业相对于独资企业理财要复杂得多，其筹资、投资和收益分配内容和形式都要丰富一些。

公司制企业是依照公司法规定设立的企业，包括有限责任公司和股份有限公司。公司制企业财务管理在公司经营管理中既重要又复杂，无论其理财目标、资金来源、资金运用、盈余分配等，都是独资企业或合伙企业所无法可比的。

2. 企业内部关系

企业内部关系包括很多方面，例如，所有者与经营者的关系，所有者和经营者与职工的关系，各部门之间的关系，各部门管理者与被管理者的关系，等等。这些关系既是财务管理的内容，又影响着财务管理活动。尤其是企业采取集中管理还是分层分级管理对财务管理内容、方法和措施产生很大影响。另外，企业内部各种关系是否协调，责权利是否明确恰当，对财务管理能否实现目标、全体企业职工能否参与和配合管理，等等，往往也有着决定性的作用。

3. 企业管理机制

企业管理机制就是企业管理机构设置和管理模式。企业规模越大，企业管理机构设置越健全，管理模式越复杂，对财务管理的要求也越高。企业管理机构设置通常受企业组织形式、企业规模、企业类型和管理要求的约束，而企业管理模式除受这些因素约束外，更受到企业管理层管理思想的影响。企业管理模式从大的方面可以划分为"集权式扁平化管理"和"分权式分层次管理"两种类型。在这两种不同类型下，财务管理的目标、方法、步骤、内容和作用显然大相径庭。

第二节 企业财务风险及其基本特征

一、企业财务风险的概念范畴

（一）风险的基本概念

1. 风险是可度量的不确定性

风险是指可度量的不确定性，而不确定性是指不可度量的风险。风险的特征是概率估计的可靠性，概率估计的可靠性来自所遵循的理论规律或稳定的经验规律。与可计算或可预见的风险不同，不确定性是指人们缺乏对事件的基本知识，对事件可能的结果知之甚少，因此，不能通过现有理论或经验进行预见和定量分析。

关于风险有四种观点：①风险是损失和损害的可能性，这种可能性包括发生损失的可能性和不发生损失的可能性两种结果，具有不确定性，且这种可能性可以用概率加以描述；②风险是主观的不确定性；③风险是客观的不确定性；④风险是可度量的不确定性。由此可见，"不确定性"是风险研究的出发点。

（1）"不确定性"的内涵

不确定性是指不一定发生的事件或不确定的状态，有主观不确定性和客观不确定性之分。

主观不确定性是指人们对事件的未来变化结果进行预计，对事物发展的客观不确定性程度和结果做出种种推测。客观不确定性是指事物的未来按自身的运动规律发展而出现各种结果的可能性。主观不确定性是主观预计的未来可能性，客观不确定性是客观存在的未来可能性；主观不确定性是指对事件认识的不确定，客观不确定性是指事件结果本身的不确定。

（2）不确定性是风险产生的必要条件

正是因为事物的发展有多种结果的可能，性质完全相同的事件在时间、地点、环境等客观条件不同时所呈现出的结果也不相同。不同的结果对人们造成的影响也不相同，从而产生风险问题。所以，不具备客观不确定性的未来事件没有风险。

如果未来事件的本身具有客观不确定性，但人们并没有对事件的未来进行预计，没有预计结果，当然就不会存在认识上的主观不确定性，更不会存在实际结果与预计结果的偏差，也就不会产生风险问题。因此，不具备主观不确定性的未来事件也没有风险。

反之，如果未来事件本身具有主、客观的不确定性，是否会产生风险，对于具备不确定性的未来事件，如果其所有的结果都是人们能够预计到的并且是可以接受的，也不会有风险问题。所以说，不确定性只是风险产生的必要条件，而不是充分条件。

（3）风险定义的内涵

第一，未来事件的结果会随着时间、环境等客观条件的变化而变化，即具有客观的不确定性。

第二，人类的预测能力是有限的，因此对于未来事件的预计结果也存在各种差异，即主观上的不确定性。

第三，风险包括风险收益和风险损失两个方面。由于人们认知能力的有限性，具有不确定性未来事件的实际结果并不是人们都能预计到的，或者即使都能预计到，有些结果也是人们不愿意接受的。未来事件的预期结果和实际结果的差异表现为两个方面：一是预期结果与实际结果的正向偏差，如果这种差异是人们愿意接受的，就表现为风险收益；二是预期结果与实际结果的反向偏差，表现为风险损失。

2. 风险是损失的不确定性

在一定条件下损失的不确定性，在一定条件下财务损失的不确定性。事实上，自然灾害和意外事故所造成的损失，其本身是确定的；而所谓不确定性，则是指人们由于个人的经验、精神和心理状态等不同，对事故所造成的损失在认识上或估计上的差别。这种不确定性包括事故发生与否不确定，发生的时间不确定，发生的状况不确定以及发生的结果不确定。

3. 风险是实际结果和预期结果的离差

风险是一种客观存在，不论人们是否已经觉察到，它总是以客观的概率来测定的。也就是说，客观事物按其自身的运动规律在不断地发展变化，不管人们是否注意或观察它们，它们都有可能出现各种不同的结果，因而才有风险。这是不以人的主观意识而存在的客观环境或客观条件变化的产物。这种观点被归为客观说。

在给定情况下和特定时间内，那些可能发生的结果间的差异。如果肯定只有一个结果发生，则差异为零，风险为零；如果有多种可能结果，则有风险，且差异越大，风险越大。这种观点强调，风险是客观存在的事物，因而可以用客观的尺度来衡量，这就使得数学尤其是概率统计等科学方法在风险理论中有了用武之地。

4. 风险是损失或损害的可能性

风险一词在经济学和其他学术领域中，并无任何技术上的内容，它意味着损害的可能性。某种行为能否产生有害的后果应以其不确定性界定，如果某种行为具有不确定性，其行为就反映了风险的承担。

（二）企业财务风险的概念

1. 不确定性视角下的企业财务风险

风险是未来结果的变化性，或者是关于不愿发生的事件发生的不确定性的客观体现。因此，财务风险就是指企业在进行财务活动的过程中获得预期财务成果的不确定性。所以，财务风险对于每一个企业来说都是客观存在的，且对于企业的盈亏与否、经营状况如何具有举足轻重的作用，要完全消除风险及其影响是不现实的。

由于风险的不确定性，财务风险相应地就分为：筹资风险，即因借入资金而增加丧失偿债能力的可能；投资风险，即由于不确定因素致使投资收益率达不到预期之目标而发生的风险；资金回收风险，即产品销售出去，其货币资金收回的时间和金额的不确定性；收益分配风险，即由于收益分配可能给企业今后生产经营活动产生不利影响而带来的风险。

财务是指人类生产经营过程中的资金运动及其体现的财务关系。它包括两方面的内容：①人类生产经营活动中体现的资金运动这一财务现象；②人类生产经营活动过程中体现的生产关系这一财务本质。从财务现象观察，它表现为资金筹集、资金投放、资金回收和资金分配；从财务本质观察，在这些资金运动过程中，无一不体现着各种关系。那么，财务风险应是企业在进行财务活动的过程中，由于不确定性因素而给企业带来的风险。

2. 筹资视角下的企业财务风险

财务风险是企业在筹集资金过程中，由于未来收益的不确定性而导致的风险。企业借入资金必须按期还本付息，在未来偿还债务能力不确定的情况下，就会增加企业的压力和负担，使企业面临着资不抵债的潜在风险，这也就形成了企业的财务风险。企业财务风险是财务杠杆作用的结果，可以通过财务杠杆系数来衡量。在信息化时代背景下，我国市场经济越来越成熟，市场的变化越来越快速，市场上的企业只有不断地调整竞争战略和竞争格局，充分利用企业现有的资源和能力，在与外部环境充分结合之后才能使战略的制定和决策的执行更加合理。但是需要认识的是，当前在多种因素的影响下，现代企业管理失控和负债资金使用效益不确定性增强的情况不断出现，由此也就引发了一定的财务风险。

财务风险是由于企业使用了负债而给普通股东增加的风险。财务风险产生的基本原因就是企业在生产经营过程中运用负债，使用负债越多，财务风险越大；不使用负债，则没有财务风险。

财务风险的大小与企业筹资数额的多少和投资收益率的高低密切相关。当企业投资收益率高于借款利息率时，借入资金的比例愈大，企业收益率就愈高；当投资收益率低于借款利息率时，借入资金的比例愈高，企业收益率就越低。所以，财务风险的实质是企业负债经营所产生的风险。如果一个企业没有借入资金，这个企业就不会发生财务风险。

3. 资本结构视角下的企业财务风险

（1）财务的产生。财务是随着商品生产与交换活动的出现而产生的。在原始社会中，随着商品生产与交换活动的出现，产生了货币，且货币充当了商品交换的购买手段和支付手段，就出现了货币的保管与货币结算活动，及其在这些活动中产生的货币所有、使用与结算的关系，这就是财务的雏形。随后，手工业从农牧业中分离出来，手工业者要维持其生产活动，必须向农牧业者出售自己的产品，换得货币，并将部分货币积蓄起来，留待以后重新购买原材料，继续生产。这时，财务初步产生。进入原始社会末期，出现了商人。商人以货币从商品生产者手中购买商品，然后出售给消费者，收回原垫支的货币，而且收回的货币比原垫支的货币是一个更大的量，即要赚钱。商人货币（本金）的投入与回收活动包括本金的筹集、投放、耗费、收入、分配（补偿、纳税、积累、消费）等经济内容，且本金投入与收入的目的不仅是满足个人与家庭的生活需要，而且是追求本金的增值。

（2）财务的本质。货币关系论认为财务是再生产过程中形成、分配和运用货币资金的客观存在的货币关系体系的总和；资金运动论认为企业财务是企业再生产过程中资金运动及其所体现的经济关系；价值分配论认为企业财务是以企业为主体的对其再生产过程进行价值分配的一种活动及其所形成的经济关系。另外，还有货币收支活动论、分配关系论、价值运动论、本金投入与收益论等观点。这些观点都在不同程度上反映了财务的某些特性。

财务是指社会再生产过程中的资金运动及其体现的经济关系。社会再生产过程中的资金运动，即财务活动，是指社会再生产过程中资金的筹集、投入、耗费、回收与分配活动。资金运动所体现的经济关系，即财务关系，是指与资金的筹集、投入、耗费、收入与分配活动相关的各利益相关者之间的权利与责任关系。

（3）企业财务与企业财务风险。社会生产力的加速发展、社会分工程度的提高和分工结构的优化，决定着财务主体具有多样性。财务主体是财务活动的载体，包括个人、家庭、企业和政府部门等。根据财务主体不同，财务可以划分为个人或家庭财务（如现在常说的个人理财或家庭理财，管理的就是个人或家庭财务）、企业财务、政府部门财务（财政）等。

企业财务泛指企业的财务活动和财务关系，具体是指企业在社会再生产过程中资金的筹集、投入、耗费、收回与分配活动及其所体现的经济关系。由于各种不确定性因素的存在，企业在社会再生产过程中资金运动的每一个环节都可能存在着财务风险。

在资金筹集环节中，存在着到期无法还本与支付利息、股利等资本成本的风险；在资金投入环节中，存在着无法取得期望投资收益率的风险；在资金耗费环节中，存在着占用在流动资产和固定资产上的资金耗费量超过社会平均消耗量的风险；在资金回收环节中，存在着产品销售出去后货币资金无法收回和不能及时收回的风险；在资金分配环节，存在着资金流入、流出不均衡，分配结构不合理等风险。总之，财务风险贯穿于企业财务活动的全过程。财务风险形成的原因是复杂多变的，但财务风险的存在，必然会给企业的财务状况和经营成果带来不确定性。

企业财务风险是指企业在社会再生产过程中，由于各种不确定性因素的作用，使企业财务活动的预期结果与实际结果产生的差异。需要指出的是，任何一个概念都不是绝对的，都将随着实践的发展而不断演化。我国企业改革的丰富实践拓展了企业财务活动的内容。伴随着新的财务活动的出现和发展，必然会带来许多新问题，企业也必然会面临许多新的不确定性因素的作用而产生新的财务风险。因此，在当今财务活动范围趋于广泛的情况下，对财务风险的认识还将随着企业改革的不断实践，进一步明晰化和科学化。

二、企业财务风险的种类与特征

（一）企业财务风险的种类

1. 投资风险

（1）企业的对内投资活动。在投资过程中，由于投资决策不科学，投资所形成的资产结构不合理，往往会导致投资项目不能达到预期收益而产生财务风险。以流动资产投资为例。流动资产投资风险主要有存货风险和应收账款风险。存货风险主要是指存货不能迅速变现的风险，具体表现为存货的周转率偏低，可能的原因之一是存货过多，造成资金积压。然而，存货的周转率也不是越高越好，存货的周转率过高，可能是由于存货过少造成的，过少的存货可能满足不了生产的需要或客户的需求，从而给企业带来损失。

应收账款风险主要是其收回时间及金额不确定所导致的风险，其影响因素主要有客户偿债能力和信用状况、企业的信用政策和结算方式。反映应收账款回收时间风险的变量是应收账款周转率和应收账款周转天数，反映应收账款回收金额风险的变量是坏账损失率。

（2）企业的对外投资活动。由于市场环境的变化、被投资方生产经营具有不确定性等因素的影响，导致了企业对外投资的实际收益与预期收益的差异，从而产生投资风险。

有价证券投资风险又可以分为系统风险和非系统风险两大类。系统风险又称市场风险、不可分散风险，是指由于政治、经济及社会环境等公司外部某些因素的不确定性而产生的风险，比如通货膨胀、利率和汇率的波动、国家宏观经济政策变化、战争冲突、政权更迭、所有制改造等。系统风险是由综合因素导致的，这些因素是个别公司或投资者无法通过多样化投资予以分散的。非系统风险又称公司特有风险、可分散风险，是指某些因素给个别证券带来经济损失的可能性，如经营失误、新产品试制失败、劳资纠纷、新的竞争对手的出现等。非系统风险只发生在个别公司中，是由单个的特殊因素所引起的。由于因素的发生是随机的，因此可以通过多样化投资来分散风险。

2. 筹资风险

筹资风险是指企业在筹资活动中由于资金供需市场、宏观经济环境的变化或筹资来源结构、币种结构、期限结构等因素而给企业带来的预期结果与实际结果的差异。

企业筹集的全部资金按其来源可以分为自有资金（权益资金）和借入资金（债务资金），因此企业的筹资风险可分为债务筹资风险和股权筹资风险。债务筹资风险是指到期不能偿还债务的风险。影响企业债务筹资风险的因素有负债规模、利率、期限结构、债务结构、币种结构、企业的投资决策以及企业所处的外部环境的变化因素等。股权筹资风险是指发行股票筹资时，由于发行数量、发行时机、筹资成本等原因给企业造成的损失的风险。

投资者把资金投向企业，总是希望能得到较高的投资回报。当投资者投入的资金不能产生足够的效益以达到其期望的投资收益率时，投资者就会抛售股票，引起股票价格下跌，使企业再筹资的难度加大，筹资成本也会上升。影响企业股权筹资风险的因素有股权筹资的规模、企业的资本结构、企业的经营状况、资本市场环境等。此外，企业筹集的自有资金和借入资金的结构不合理，也会影响到企业的资金成本和资金使用效益，进而影响借入资金的偿还和自有资金期望收益率的实现。

（二）企业财务风险的特征

第一，客观性。企业财务风险是一种客观存在，它是不以人的主观意识而存在的客观环境或客观条件变化的产物。财务风险的这一特性，有助于人们主动去揭示引起财务风险产生的客观原因，从而对财务风险进行识别。

第二，全面性。企业财务风险存在于企业财务活动的全过程，并体现在多种财务关系上。认识到企业财务风险的这一特性，有助于我们从全局出发，既要探寻各种财务活动中企业财务风险形成的原因、表征及度量和控制方法，又要对企业财务风险整体进行全面管理，同时正确地权衡企业的各种财务关系。

第三，双重性。企业财务风险的双重性是指财务风险既有损失的一面，又有收益的一面。财务风险的这一特性有助于我们全面把握财务风险，既要看到财务风险的危害性，提高风险的控制能力，避免风险损失；同时也要加强对财务风险规律的探索和研究，准确把握时机，进行科学决策，谋取风险报酬。

第四，不确定性。不确定性是企业财务风险产生的必要条件，没有不确定性，也就没有风险。对于不确定性的控制有助于控制财务风险。

第五，可度量性。企业财务风险是一种客观存在，因而可以用数学尤其是概率统计等科学方法来度量。如果企业财务风险不能够度量，对财务风险的控制也就无从谈起。

第三节 企业财务管理的意义

一、促使财务数据信息精准度提升

"随着社会主义市场经济体制的不断完善，企业财务风险管理的功能日益突出。"[1] 企业财务管理在信息化时代具有重要意义，其中之一是促使企业财务数据信息的精准度显著提升。随着科技的飞速发展和信息技术的广泛应用，企业在日常经营活动中产生了大量的数据信息。这些数据信息包含了企业的财务收支、资产负债、利润状况等重要指标，对于企业的经营和决策具有重要影响。

在过去，传统的财务管理往往依赖手工处理和人工录入，容易出现数据错误和遗漏，导致财务报表的准确性受到影响。此外，由于数据庞大和复杂，传统方法很难及时整理和分析，从而错失及时做出重要决策的机会。

然而，在信息化时代，先进的信息技术为企业财务管理带来了新的机遇和挑战。现代企业采用财务管理软件和ERP系统，可以将财务数据实现电子化和自动化处理，大大提高数据处理的效率和准确性。财务数据的自动收集、整理和分析，减少了人为干预的可能性，从源头上保证了数据的准确性。

另外，大数据技术的应用使得企业能够更好地挖掘和分析海量的财务数据，发现其中蕴含的潜在规律和趋势。通过对财务数据进行深度分析，企业可以及时发现经营中的问题

---

[1] 李珊. 企业财务风险与防范[J]. 中国民商, 2022 (11): 174.

和风险，及时采取措施加以解决，从而有效降低经营风险，提高经营效率。

同时，"互联网+"技术的发展为企业提供了更加便捷和高效的财务管理方式。例如，通过云计算技术，企业可以将财务数据存储在云端，实现随时随地的访问和共享。这不仅提高了团队协作的效率，还能够保障数据的安全性和完整性。

二、提高企业财务管理信息挖掘水平

在实际运营中，企业面对海量的数据和信息，如何从中获取有价值的洞察力，对企业的发展和决策起着至关重要的作用。

第一，财务管理作为企业运营的核心部门，每天都会产生大量的财务数据。这些数据包括收入、支出、资产、负债等各个方面的信息，是企业健康运作的重要依据。通过提高财务管理信息挖掘水平，企业可以更加高效地整理和分析这些数据，从中发现潜在的问题和机会，及时调整经营策略，优化资源配置，以确保企业的长期稳健发展。

第二，随着互联网和数字化技术的不断发展，企业面对的信息量呈爆炸性增长。客户购买喜好、市场趋势等信息也在日益复杂多变。这些信息蕴含着巨大的商机，但也需要企业拥有高水平的信息挖掘能力，将其中的价值信息提取出来。通过精准地分析客户购买喜好等数据，企业可以更好地了解客户需求，推出更受欢迎的产品和服务，提高客户满意度，增加市场份额。

第三，信息挖掘在企业战略决策中扮演着重要角色。通过对大数据进行深入挖掘，企业可以发现潜在的市场机会和风险。基于准确的数据分析，企业能够制定更加科学的市场营销策略，避免盲目决策和资源浪费。此外，信息挖掘还可以帮助企业发现内部管理上的问题，优化业务流程，提高工作效率和管理水平。

第四，财务管理信息挖掘水平的提高有助于企业进行预测和规划。通过对历史数据的分析，企业可以预测未来的市场趋势和发展方向，及早调整企业战略，抢占市场先机。同时，企业还可以根据数据挖掘的结果，制定长远的发展规划，合理规划资金投入和利润分配，确保企业的财务稳健和可持续发展。

综上所述，企业财务管理的意义在于，通过提高财务管理信息挖掘水平，企业可以更好地理解市场和客户需求，优化经营决策，提高工作效率，增强竞争力。信息挖掘技术的应用使得财务管理职能不再局限于简单的数据记录和报表生成，而是更多地参与到企业的战略制定和业务优化中。这对于企业的发展具有重要的推动作用，同时也有助于企业在激烈的市场竞争中立于不败之地。因此，企业应当高度重视财务管理信息挖掘水平的提升，不断引入新技术和方法，为企业的持续发展提供强有力的支撑。

三、降低企业财务管理中的成本水平

通过强化信息化建设，企业能够最大程度地减少财务管理工作中不必要的成本支出，进而尽可能地减少资金和资源的浪费。这种有效的资源利用还能够促使企业实现资源优化配置，从而对现代企业的经营状况予以改善，加快现代企业运营效益的水平提升。

在当今竞争激烈的商业环境中，企业需要寻求各种方式来优化成本结构并提高效率。财务管理作为企业管理中的关键组成部分，扮演着确保财务健康和稳健运营的重要角色。然而，传统的财务管理方式可能会导致效率低下和资源浪费，这就需要企业通过信息化手段来加以改进。

信息化建设是将先进的信息技术应用于企业的各个管理领域，以提高工作效率和信息处理能力。在财务管理中，信息化建设可以涵盖多个方面，包括财务数据的数字化记录、财务系统的自动化处理、财务决策的数据支持等。通过数字化记录财务数据，企业能够更加方便地进行数据分析和决策，减少了繁琐的手工操作，降低了人力成本。

自动化处理财务系统也是信息化建设的重要组成部分。通过引入财务管理软件和智能化工具，企业能够大幅度减少人工处理的时间和错误率。财务管理软件能够自动完成账目核对、报表生成、财务分析等任务，减少了财务人员的繁重工作，提高了工作效率。同时，智能化工具还可以通过数据挖掘和分析，为企业提供更加精准的财务决策支持，帮助企业合理规划资源配置，实现资源优化。

信息化建设还可以促进企业各个部门之间的信息共享和协同工作。通过建立集成的财务管理系统，各个部门能够实时获取和共享财务数据，避免了信息孤岛和信息滞后的情况，提高了决策的准确性和时效性。同时，这也减少了重复录入数据的情况，节约了重复劳动，降低了企业的运营成本。

值得注意的是，信息化建设并不是一蹴而就的过程，它需要企业在技术、人员和管理等方面进行全面的规划和投入。企业需要建立专业的信息化团队，负责系统的选择、实施和维护。同时，培训员工熟练掌握财务管理软件和工具的使用，提高信息化应用的水平。在管理方面，企业需要建立完善的信息化管理体系，确保信息化建设与企业的战略目标相一致，避免资源浪费和投资回报不佳的情况。

四、促使企业整体内部管理水平提高

信息化技术还能够促使整体内部管理水平的显著提升，以提高医疗技术水平以及服务水平，以在国内获得良好的社会声誉度，对自身经济效益的提高具有促进作用。信息化建设是现代企业在当前经营管理的十分重要的内容与方面，为了有效达到信息化建设效果，现代企业务必要通过投入大量的人财物力，而且还应该结合市场发展形势，构建科学的战略发展目标，然后同自身经营状况之间充分地结合，开展合理的规划，而且不断加以完善与调整，以增强信息化建设成效，促使内部管理水平的显著提高，对财务管理质量具有促进作用，进而提高现代企业综合竞争优势。

第二章 企业财务管理与风险管控细则

第一节 企业财务管理的内容范畴

一、企业筹资与投资管理

（一）企业筹资管理

1. 企业筹资的目的

（1）扩张筹资动机。扩张筹资动机是因企业为了扩大生产经营规模或追加对外投资的需要而产生的筹资动机。这种动机是由于企业处于成长时期，具有良好的发展前景；企业生产经营的产品供不应求，需要增加市场供应；开发和生产适销对路的新产品；追加有利的对外投资规模；开拓有发展前途的对外投资领域等。

（2）偿债筹资动机。偿债筹资动机是企业为了偿还债务而形成的借款动机，即借新债还旧债。偿债筹资有两种情况：①调整性成长筹资，即企业虽有足够的能力支付到期旧债，但为了调整原有的资本结构，仍然举债，使资本结构更加合理；②恶化性偿债筹资，即企业现有的支付能力已不足以偿付到期旧债，而被迫举债还债，表明企业财务状况恶化。

（3）混合筹资动机。企业因同时需要长期资金和现金而形成的筹资动机为混合筹资动机。通过混合筹资，企业既扩大了资产规模，又偿还了部分旧债，即在筹资中混合了扩张筹资和偿债筹资两种动机。

2. 企业筹资的要求

（1）周密研究投资方向，提高投资效果。投资是决定是否筹资、筹资多少的主要因素。投资收益与资金成本相权衡，决定着是否要筹资，而投资数量则决定着筹资数量。因此，必须确定有利的资金投向，决定是否筹资，确定筹集数量，避免不顾投资效果的盲目筹资。

（2）合理确定资金需要，提高筹资效果。企业生产经营活动所需要的资金，有合理的数量界限。资金不足会影响企业的生产经营活动，资金多余又会造成资金浪费。只有一个合理的数量，才能使资金的筹集量和需要量达到平衡，从而产生较好的经济效益。要确定合理的资金需要量，首先要对资金需要进行预测。通过科学预测，可以了解哪些环节需要资金、需要多少，从而合理确定筹集资金数额。

（3）适时取得资金来源，合理安排资本结构。资金的筹集要按资金的投放时间来合理安排，避免取得资金过早或过迟造成资金投放前的闲置或滞后，从而贻误投放的有利时机。企业的资本结构一般由自有资本和借入资本构成。企业进行负债经营，由于借款利息可在所得税前列入成本，对企业净利润影响较小，因而可以提高自有资金利润率。但负债的多少要与自有资本和偿债能力的要求相适应，既要防止负债过多导致财务风险过大，偿债能力过低，又要有效地利用负债经营，提高自有资金的收益水平。

（4）认真选择筹资的来源，力求降低资金成本。企业筹集资金的渠道和方式多种多样，不论采用何种筹集渠道和方式都要付出一定的代价，即资金占用费和资金筹集费。不同资金来源的筹集代价各不相同，而且取得资金的难易程度也不一样。因此，要综合考查各种资金渠道的筹资方式，研究各种资金来源的构成，求得最优的筹资组合，以便降低资金成本。

（5）遵守国家有关法规，维护各方合法权益。企业的筹资活动，影响着社会资金的流向和流量，涉及有关各方的经济权益。因此，必须接受国家宏观指导控制，遵守国家有关法律法规，实行公开、公平、公正的原则，履行合同责任，维护各有关方面的合法权益。

3. 企业资金筹集的程序

（1）进行投资决策，确定资金投向。确定资金投向，是合理筹集资金的先决条件。通过市场调查和预测，可以了解企业的生产经营活动，衡量为市场所需的程度，据此确定企业的发展方向，并根据新产品开发试制方案、价格与成本水平，最后确定资金投向，制定投资方案。

（2）盘点资金，挖掘自有资金潜力。充分借用外来资金进行生产经营，能提高自有资金的利用率。但过分的负债经营往往会带来较大的财务风险，甚至会使企业由于偿债能力丧失而破产。因此，企业在复杂的财务环境中，首先要立足于自身的条件，在充分挖掘、发挥自身资金的潜力和效能的同时，决定出最优的资本结构，来进行负债经营。

（3）拟定筹资方案，进行方案评估。为实现筹资目标，往往有多种途径和办法。只有提出一定数量可供选择的方案，使之有比较和选择的余地，才能最后获得最佳的投资方案。对拟出的各种筹资方案，应进行分析、权衡和论证，即进行筹资方案评估。方案评估方法一般包括：可行性研究、协调性分析、综合效益分析和风险评估分析。

（4）确定筹资方式。确定筹资方式是指在拟定的各种筹资方案中选出具体条件下相对最优的筹资方案。在一般情况下，企业对资金的长期需要，宜采用长期银行借款、企业债券、企业股票、融资租赁等方式。对于短期资金的需要，宜采用银行借款、商业信用等形式。

4. 企业资金筹集的渠道

（1）国家财政资金。国家对企业的投资历来是国有企业的主要资金来源，大部分是过去由国家以拨款方式投资而形成的。国家财政资金具有广阔的源泉和稳固的基础，仍然是国有企业筹集资金的重要渠道。国家投资的特点包括：不具备借贷性质；不存在还本付息问题；资金数量一般较大；产权属国家所有；一般是投向国有企业。

（2）银行信贷资金。银行贷款是企业单位以及林业部门中的林场、苗圃的重要资金来源。我国主要的专业银行有工商银行、农业银行、建设银行、中国银行、交通银行以及中信银行和投资银行等。这些专业银行都有较雄厚的资金实力，并有国家财政存款、居民储蓄等经常增长的资金来源。所提供的信贷资金、贷款方式多种多样，能灵活适应企业的各种资金需要。

（3）非银行金融机构资金。非银行金融机构主要指银行以外的、由各级政府主办、以融通资金为主要目的的金融机构，主要有信托投资公司、租赁公司、保险公司、证券公司、企业集团的财务公司及街道集体成立的信用社等。他们有的承销证券，有的融资融物，有的为一定的目的而集聚资金。这些金融机构资金，供应方便灵活，对保证企业正常生产、解决临时困难有很大作用。

（4）其他企业资金。企业在生产经营活动中，往往有部分暂时闲置的资金，可供企业之间相互调剂使用。随着横向经济联合的发展，企业之间的资金融通更加广泛深入，这就为筹资企业提供了资金来源。其他企业资金的投入包括联营、入股、债券及各种商业信用，既有长期的稳定投入，又有短期的临时融通。

（5）民间资金。企业职工和城乡居民的节余货币，都可以向企业进行投资，形成民间资金渠道，为企业所利用。职工集资入股，能更好地体现劳动者与劳动资料的直接结合，增加劳动者主人翁的责任感，有利于促进生产的发展和经济效益的提高。企业经批准可以公开向社会发行股票、债券，吸引民间资金。这一筹金渠道为动员闲置的消费资金、积极投入企业生产经营需要有重要的作用。

（6）企业自留资金。企业内部形成的资金，主要是计提折旧，提取公积金和未分配利润而形成的，可用于企业的周转，其来源多少主要取决于企业的经济效益。

（7）外商资金。外商资金是指外商可向企业投入的资金。由于我国社会主义市场经济体制的建立和开放政策的扩展，来华投资者的国别和地区日益增加，投资规模也日益扩大。吸收外资不仅可以满足生产经营资金的需要，而且能引进国外先进技术和管理经验，促进企业技术进步、产品质量的提高。

5. 企业资金筹集的方式

（1）按筹资是否形成资本金划分，有权益筹资方式和负债筹资方式两类。权益筹资方式筹得的资金形成企业的资本金，其方式包括国家拨款、发行股票、联营、合资经营等。负债筹资方式筹得的资金形成企业的债务，其方式包括银行借款、发行债券、租赁、补偿贸易、商业信用等。

（2）按照筹得的资金使用期限的长短划分，有长期筹资和短期筹资方式。长期筹资方式筹集的资金使用期限一般超过一年或者可以永久使用，其方式包括发行股票、长期债券、银行长期借款等。短期筹资方式筹集的资金使用期限一般在一年以内，包括短期银行借款、短期债券、商业信用和其他短期负债（应付税金、应付工资、应付股利等应付款项）。

（3）按照筹资的地域不同划分，有国内筹资和国际境外筹资方式。国际筹资方式主要有举办中外合资合作企业、国际租赁、补偿贸易、国外（境外）银行和国际金融机构贷款、在境外发行股票、债券等。

（二）企业投资管理

1. 证券投资

（1）证券的分类

第一，按证券发行主体，可分为政府证券、金融证券和公司证券。其中：政府证券是指中央政府或地方政府为筹集资金而发行的证券；金融证券是指银行或其他金融机构为筹措资金而发行的证券；公司证券，又称企业证券，是指工商企业为筹集资金而发行的证券。一般而言，公司证券风险较大，金融证券次之，政府证券风险较小。

第二，按证券期限，可分为短期证券和长期证券。其中：短期证券是指期限在一年以内的证券，如一年期国库券、商业票据、银行承兑汇票等；长期证券是指期限长于一年的证券，如股票、债券等。一般而言，短期证券风险小，变现能力强，但收益率相对较低，长期证券的收益率较高，但时间长、风险大。

第三，按证券的收益状况，可分为固定收益证券和变动收益证券。其中：固定收益证券是指在证券票面上规定有固定收益率的证券，如债券票面上一般有固定利息率，优先股一般也有固定股息率，都属于固定收益证券；变动收益证券是指证券的票面上不标明固定的收益率，其收益情况随企业经营状况的变动而变动的证券，最典型的如普通股。固定收益证券风险较小，但报酬不高；而变动收益证券风险大，但报酬较高。

第四，按证券体现的权益关系，可分为所有权证券和债权证券。其中：所有权证券是指证券持有人是证券发行单位的所有者的证券。这种证券的持有人一般对发行单位有一定的管理和控制权。股票是典型的所有权证券，股东便是发行企业的所有者。债权证券是指证券持有人是发行单位的债权人的证券。当发行单位破产时，债权证券要优先清偿，而所有权证券要在最后清偿。

（2）证券投资的目的

第一，短期证券投资的目的。①短期证券作为现金的替代品，可防止现金短缺可能产生的损失。由于短期证券变现能力强，企业在有多余现金的时候，常将现金兑换成有价证券，待企业现金流出量大于流入量、需要补充现金的不足时，再出让有价证券，换回现金，在这种情况下，有价证券就成了现金的替代品；②获取投资收益，满足季节性经营对现金的需求。由于证券的利率一般高于银行存款利率。企业持有有价证券比持有现金得到的收益大。从事季节性经营的企业，年内某些月份有剩余现金，而另一些月份则出现短缺，这些企业通常在现金有剩余时购入有价证券，而在现金短缺时出售变现有价证券。企业在做短期证券投资时，必须充分了解发行企业的资信情况，选择信用程度高、变现能力强、报酬率高的证券进行投资。

第二，长期证券投资的目的。①为了获取投资报酬。企业如拥有比较充裕的现金，而本身又没有盈利较高的投资计划，便把长期闲置的资金投资于证券，以便增加收益；②为了获取控制权。企业从战略上考虑，需要控制其他企业时，便动用一定的资金购买该企业的股票，直到拥有其股权、控制该企业为止。

（3）证券投资的特点

第一，流动性强。证券资产的流动性明显高于实物资产。

第二，价格不稳定。证券资产相对于实物资产来说，受人为因素的影响较大，且没有相应的实物作保证，其价值受政治、经济环境等各种因素的影响较大，具有价值不稳定、投资风险较大的特点。

第三，交易成本低。证券交易过程快速、简捷，成本较低。

（4）证券投资的种类

第一，债券投资，是指投资者购买债券以取得资金收益的一种投资活动。

第二，股票投资，是指投资者将资金投向股票，通过股票的买卖和收取股利以获得收益的投资行为。

第三，基金投资，指投资者通过购买投资基金股份或受益凭证来获取收益的投资方式。投资者享受专家服务，有利于分散风险，获得较高且稳定的投资收益。

第四，期货投资，是指投资者通过买卖期货合约（即在将来一定时期以指定价格买卖一定数量和质量的商品而由商品交易所制定的统一的标准合约，它是确定期货交易关系的一种契约）躲避价格风险或赚取利润的一种投资方式。

第五，期权投资，是为实现盈利目的或规避风险而进行期权买卖的投资方式。

第六，证券组合投资，是指企业将资金同时投资于多种证券。

（5）证券投资的风险

第一，利率风险，指市场利率变化导致证券价格波动而使投资者遭受损失的可能性。一般来说，市场利率上升，会导致证券价格下跌；相反，市场利率下降，则会导致证券价格上升。

第二，购买力风险，又叫通货膨胀风险，是指由于通货膨胀率上升和货币贬值而使投资者出售证券或到期收回所获取的资金的实际购买能力下降的风险。购买力风险对具有收款权利性质的资产影响很大，债券投资的购买力风险远大于股票投资。

第三，市场风险，是指因证券市场变化不定，证券的市价有较大不确定性或难以预见性，从而造成投资者损益的不确定性。

第四，违约风险，是指证券发行人无法按期支付利息或偿还本金的风险。

第五，变现风险，又叫流动性风险，是指企业无法在短期内以合理价格出售有价证券的风险。如果投资者遇到另一个更好的投资机会，需在短期内出售有价证券，以实现新的投资，但找不到愿意出合理价格的买主而丧失新的投资机会或者蒙受损失。

第六，期限性风险，是指由于证券期限长而给投资者带来的风险。投资期限越长，投资的不确定性因素就越多，投资者承担的风险就越大。

2. 债券投资

（1）债券投资的特点

债券是发行者为筹集资金，向债权人发行的在约定时间支付一定比例的利息，并在到期时偿还本金的一种有价证券。企业债券投资的目的有两个：①合理利用闲置资金，调节现金余额。如企业进行短期债券投资，就是在现金余额太多时，通过购买短期债券使现金余额降低；而当现金余额太少时，通过出售手中的短期债券收回现金，从而使现金余额提高；②获得稳定收益。企业投资长期债券就是这一目的。

债券投资的特点有以下三点：

第一，易受投资期限影响。无论是长期债券投资还是短期债券投资，都有到期日，债券到期收回本金，同时意味着本次投资结束。

第二，投资权力有限。债券持有人有权投资债券，同时按照约定取得利息，到期收回本金，但是无权参与被投资企业的经营管理。

第三，收益稳定，投资风险小。债券的投资收益通常在购买时已经确定，与股票相比，债券收益率不高但稳定性强，投资风险较小。

（2）债券价值与投资决策

第一，债券价值。债券投资主要是为了获得收益。对债券持有者而言，购买债券后，可定期获取固定利息。正常情况下，债券投资产生的现金流量，就是每年的利息收入和债券到期时的本金回收。影响债券价值的因素主要是债券的票面利率、期限和所采用的贴现率等。债券一旦发行，由于面值、期限、票面利率都相对固定，此时市场利率成为影响债券价值的主要因素。市场利率是决定债券价值的贴现率，市场利率的变化会造成系统性的利率风险，表现为：①利率变化影响债券价值；②长期债券对市场利率的敏感性会大于短期债券；③市场利率低于票面利率时，债券价值对市场利率的变化较为敏感，市场利率稍有变动，债券价值就会发生剧烈的波动。当然，与短期债券相比，长期债券的价值波动较大，特别是票面利率高于市场利率的长期溢价债券，虽易获取投资收益，但安全性较低，利率风险较大。

第二，债券投资决策。债券投资决策主要是对投资时机、投资期限及债券种类作出选择的过程，决策的结果就是在符合约束条件的前提下，尽可能实现投资目标。证券投资决策通常包括积极的投资策略和消极的投资策略两种。积极的投资策略表现为：①根据预期利率的变动主动交易；②采用控制收益率曲线法，通过持续购买期限较长的债券，达到实现较高投资收益率的目标。典型的消极投资策略就是买入债券并持有至到期。

（3）债券的认购

第一，债券的溢价认购，亦称超价认购，即企业购入债券实际支付的款项高于债券的面值。

第二，债券的面值认购，亦称平价认购，即企业购入债券实际支付的款项等于债券的面值。

第三，债券的折价认购，亦称低价认购，即企业购入债券实际支付的款项低于债券的面值。

债券的溢价和折价，要受银行利率和兑付期的影响。一般情况下，如果债券的票面利率高于银行利率，债券会溢价；反之，则折价。债券的兑付期限越近，购入时支付的价款越高；反之，则越低。

（2）债券投资收益及管理。债券投资收益是指债券到期或卖出时收回的金额与债券购入时的投资额之差。债券投资收益一般由两部分组成：一部分是利息收入，即债券的发行者按债券票面金额的一定比例支付给债券持有者的那部分货币；另一部分是买卖差价，即债券中途买卖时价格往往不一致，当买价低于卖价，卖出者就会获利；相反，卖价低于买价，卖出者就会遭受损失。

债券投资收益率的大小，可以用投资收益率指标表示。债券投资收益率是指每期（年）应收利息与投资额的比率。

3. 基金投资

基金投资指一种利益共享、风险共担的集合证券投资方式，即通过发行基金股份或受益凭证，集中投资者的资金由基金托管人托管，由专业基金管理人管理和运用资金从事股票、债券等金融工具投资，以规避投资风险、谋求投资收益的证券投资工具。基金对引导储蓄资金转化为投资、稳定和活跃证券市场、提高直接融资的比例、完善社会保障体系、完善金融结构以及促进证券市场的健康稳定发展和金融体系的健全完善具有极大的促进作用。

（1）基金投资的种类

第一，根据基金组织形式的不同，分为公司型基金和契约型基金。其中契约型基金是由管理者、受托者和投资者（受益者）三方订立信托投资契约，由基金经理公司根据契约运用信托财产，由受托者（信托公司或银行）负责保管信托财产，而投资成果则由投资者（受益者）享有的一种基金。公司型基金则是按照公司法以公司形态组建的投资基金，投资者购买公司股份成为股东，由股东大会选出董事、监事，一再由董事、监事投票委任某一投资管理公司来管理公司的资产。

第二，根据基金变现方式的不同，分为开放式基金和封闭式基金。开放式基金是一种发行额可变，基金份额总数可随时增减，投资者可按基金的报价在基金管理人指定的营业场所申购或赎回的基金。封闭式基金则事先确定了发行总额，在封闭期内基金份额总数不变，发行结束后可以上市交易，投资者可通过证券商买卖基金份额。

第三，根据基金的投资标的不同，分为股票基金、债券基金、货币市场基金、期货基金、期权基金、认股权证基金、基金中的基金和混合基金等。

（2）基金投资的特点

第一，专家理财是基金投资的最大优点。一般而言，基金管理公司配备的投资专家都具有深厚的投资分析理论功底和丰富的实践经验，善于采用科学的方法来研究股票、债券等金融产品，投资行为一般趋于理性，从而使基金投资者能够在不承担较大风险的前提下获得较高的投资收益。

第二，投资方便是基金投资的基本立足点。证券投资基金最低投资量起点要求一般较低，投资方便，能够满足小额投资者对于证券投资的需求，投资者可根据自身财力决定投资大小。再则由于投资基金流动性强，大多有较强的变现能力，使得投资者收回投资时非常便利。此外，我国目前对基金投资收益均实行免税政策。

第三，组合投资是基金投资的最大特点。组合投资，可分散风险。基于风险与收益平衡的考量，基金投资一般分散投资于多种不同类型、不同风险的股票，自然能够达到分散风险的目的。

第四，规模投资是基金投资的最大亮点。证券投资基金通过汇集众多中小投资者的资金，形成雄厚的实力，形成规模效应，从而可以分别投资于多种股票。

4. 股票投资

（1）股票投资的目的

股票是股份有限公司为筹集权益资本而发行的有价证券，是持股人持股的凭证。股票本身没有价值，它之所以有价格，可以买卖，是因为它能给持有者带来收益。股票价格分为开盘价、收盘价、最高价和最低价等，投资者在进行股票估价时主要使用收盘价。股票价格会随着经济形势和公司的经营状况的变化而升降。

企业进行股票投资，根本目的有两个：①获利，即为了获得股利收入以及股票转让差价，其中股利是公司对股东投资的回报，它是股东所有权在分配上的体现；②控股，通过大量购买某一特定企业的股票进而实现控制该企业的目的。如果以获利为目的，应分散投资；如果以控股为目的，则应集中投资。

（2）股票投资的特点

股票投资与债券投资都属于证券投资。证券投资的共同特点是高风险、高收益和变现快。但与债券投资相比，股票投资具有以下三个特点：

第一，投资风险大。由于股票投资属于权益性投资，持有人作为股东有权参与发行公司的经营决策，股票只能转让而不能要求股份公司偿还本金，所以股票投资者既要承受股票发行公司经营不善可能形成的收益损失，又必须面对股票市场价格变动可能造成的贬值损失，因而风险较大。

第二，投资收益高，但是收益不够稳定。股票投资因为风险大，所以收益也较债券投资高，但其投资收益没有债券的固定利息稳定。

第三，价格波动大。由于股票价格既受发行公司经营状况影响，又受股市投机因素的影响，所以股票价格波动较大。

5. 对外投资管理

（1）对外投资的原因

第一，企业在经营过程中存在闲置资金。这些资金在企业暂时得不到充分利用。为了提高资金的使用效益，企业须积极寻找对外投资的机会，如购买股票等短期投资，最终目的是获得高于银行存款利率的投资收益率。

第二，分散资金投向，降低投资风险。现代企业资本管理的一项重要原则是使资本分散化，以便降低风险、控制风险。资本分散化的结果是，当某个项目不景气、利润下降时，其他项目可能获取较高的收益，这样，盈利与亏损相互抵消，企业可以避免损失，分散风险。

第三，稳定与客户的关系，保证正常的生产经营。在日益激烈的市场环境中，由于资源短缺，企业为获得稳定的原材料来源，必须与原材料供应商保持良好的业务关系。可通过购买有关企业的股票，或向有关企业投入一定量的资金，控制或影响其经营活动。有时企业为了扩大产品销售，也可以向经销单位投资，以维持良好的合作关系。在社会主义市场经济条件下，企业享有充分的自主权。对外投资是企业投资决策所赋予的一项财务活动。大力开展对外投资，鼓励企业相互投资，在一定程度上加大了市场经济对资源配置的重要作用，这对发展企业之间的横向经济联合，充分利用闲置资金，提高资金的使用效率等都具有重要意义。

（2）对外投资的分类

第一，按照对外投资的目的及期限划分。对外投资按其目的和期限的长短不同划分为短期投资和长期投资，这是对外投资最基本的分类。短期投资是指能够随时变现，持有时间不超过一年的有价证券以及不超过一年的其他投资。其目的是调度暂时不用的资金去获得一定的收益。若企业生产经营资金周转发生困难，即可随时将其变为现金，参加生产经营周转。长期投资是指不准备随时变现、持有时间在一年以上的有价证券以及超过一年的其他投资。其投资的主要目的是为了控制其他企业或是为了积累资金。

第二，按照投资的性质及形式划分。对外投资按其性质和形式不同，可分为有价证券投资和其他投资。有价证券投资是指以企业的资金获取有价证券而进行的对外投资，如购买股票、债券等；其他投资是指以企业的资金向其他企业或单位投出的、但没有获取有价证券的投资，如对外合作经营企业、内联企业的投资。

第三，按照投资的经济内容划分。对外投资按其经济内容的不同可分为：货币资金投资、实物投资、无形资产投资。货币资金投资是指企业以现金或银行存款进行的投资；实物投资是指企业以存货、固定资产等进行的投资；无形资产投资是指以专利权、商标权、著作权、土地使用权、非专利技术、商誉等无形资产进行的投资。这一分类的优点是便于对各种对外投资进行合理的计价。

现行财务制度规定，企业对外投资按照投出时实际支付的价款或者评估确认的金额计价。以现金、银行存款等货币资金方式对外投资的，按照实际支付的金额计价；以实物、无形资产方对外投资的，按照评估或合同、协议确定的价值计价；企业认购的股票，按照实际支付款项计价，实际支付的款项含有已宣告发放但尚未支付股利的，按照扣除其股利后的差额计价；企业认购的债券，按照实际支付的价款计价，实际支付款项中含有应付利息的，按照扣除应计利息后的差额计价。

(3) 对外投资政策

第一，确定投资目标。企业根据经营总目标，结合自身的实际情况，确定投资目标、选择投资客体，即确定向谁投资、投资于何项目等。

第二，选择投资类型。企业根据投资目标，选择进行短期投资还是长期投资；是有价证券投资还是其他投资；是用现金、实物投资还是用无形资产投资等。

第三，进行可行性研究，选择最佳方案。企业应围绕投资目标，提出各种可行性方案，并对投资方案的收益、风险等进行全面分析、综合评价，从中选择最优方案。

第四，组织投资方案的实施。当投资项目完成或在投资项目执行中，要用科学的方法，对投资业绩进行评价。通过评价，总结经验教训，及时反馈各种信息，为以后投资决策提供依据，并适当调整原有投资对象，便利于实现投资目标。

6. 企业诚信投资

(1) 诚信投资对企业的重要意义

投资诚信意味着重塑企业在政府部门和广大消费者心目中的形象，意味着提升企业在金融部门和投资商面前的信用评估等级，有利于企业开辟更多的融资渠道，彻底摆脱融资之困扰。

第一，投资诚信符合政府意愿，能够得到政府部门强有力的支持。在促进诚信社会建设的过程中，政府本身就负有行政指导、管理和监督等职能。企业诚信投资，可谓与政府的思路不谋而合，不仅可以得到政府的表扬和免费宣传，更多的是能得到融资实惠。政府的支持主要体现在两方面：一方面，政策上予以扶持，如建立和发展为企业服务的投资公司，在制定有关投资、融资政策时向诚实守信的企业倾斜等；另一方面，在融资方面给予支持，如提供免息、贴息和低息贷款等。

第二，投资诚信能够得到银行等金融机构的贷款回报。银行、信用社等在开展贷款业务时，企业的信用记录是主要依据，目的是防范贷款风险，避免产生不良资产。对于诚信企业，金融机构一方面会尽可能满足其贷款需求；另一方面则会增加金融服务种类，如直接融资、商业融资和信用担保等，为诚信企业提供更多的融资选择。

第三，投资诚信能够得到投资商与合资者的信任，有利于扩大融资的范围。在很大程度上，投资商与合资者最关心的是被投资企业的诚信问题，主要原因在于企业诚信就可以准确了解投资对象的真实信息，减少投资的风险和成本，充分提高投资收益。

第四，投资诚信能够得到消费者信赖。诚信会让企业在消费者心目中树立起良好的信誉和口碑，使无形资产得到迅速累积，从而进一步促进市场的发展，增强核心能力。而且，企业得到消费者信赖会形成良好的舆论环境，有利于吸引民间资本和社会闲散资金，进一步拓宽融资渠道。

投资诚信意味着企业形成良好的国际商誉，它会转换成企业宝贵的财富和无限商机，使企业受到国际投资家的青睐，为今后取得国际融资抢占先机，拓展更大的融资空间。这不仅有利于企业实现"生产—扩大融资—扩大再生产—进一步拓展市场"的良性循环，增强核心竞争力，而且有利于企业适应全球经济一体化潮流，走国际化发展之路。

（2）企业诚信投资的主要内容

第一，管理诚信。管理诚信主要体现企业管理者的信用。管理诚信对于企业发展极其重要，它是企业管理团队成员之间合作的纽带。良好的管理诚信是初创企业保持成长性的前提，也是投资者和被投资企业进行优势互补的合作基础。投资者的首要选择往往是有能力而又有诚信的经营管理者。

第二，会计诚信。会计诚信要求企业内部的会计信息及各类报表所反映的数据真实有效，不得弄虚作假。在目前财务监管还不很健全的阶段，企业的会计诚信显得格外重要。虚假的财务数据不仅增加了资本的进入成本，更不利于对企业进行二次融资和资本运作，对投资的后续运作可能带来灾难性的影响。建设会计诚信，就要建立健全财务制度，加强财务管理，做到结算规范，报表真实，使之客观反映企业财务状况。

第三，商业诚信。商业诚信是指企业在从事各项商业活动时，坚守信用原则，在合同履行、应付款偿还等方面及时履行自身义务，不推诿、不拖欠。其实企业的价值是通过市场来体现的，而市场竞争力与企业的商业诚信有很大的关系。如果企业没有良好的商业信用，就会影响到企业自身形象，影响到融资，最终是失去市场。

第四，金融诚信。所谓金融诚信，就是指企业在与银行等金融机构开展业务活动时讲究诚信，不弄虚作假。企业要树立良好的信用观念，提高自觉还贷意识和行为，建立良好的信用记录，提高自身资信程度，为进一步融资创造条件。具体表现为归还贷款及利息及时，提供会计资料真实、有效等方面。

第五，产品诚信。产品诚信也是市场诚信，它包括两方面内容：一是质量，质量是企业的生命，任何忽视产品质量，欺骗市场、欺骗消费者的行为都无异于选择自杀；二是服务，服务是企业诚信投资的重点，如果谁放弃了售后服务，都意味着将自己的市场拱手让人。如果企业缺乏市场诚信，没有良好的信誉，就会导致销售成本增高。

第六，纳税诚信。纳税诚信就是要求企业遵照国家有关法律法规要求，结合企业的实际财务情况，依法纳税，不偷逃税款。企业应在工商、税务等部门建立良好的信用记录，积极申报，主动纳税，千万不要为了小集体利益而故意损害国家利益。

二、企业的资产管理

（一）企业流动资产管理

1. 企业流动资产的具体分类

（1）按资产的占用形态，流动资产可分为现金及各种存款、短期投资、应收及预付款和存货。

（2）按其在生产经营过程中的作用不同，流动资产可分为生产性流动资产和流通性流动资产。

生产性流动资产，是指占用在企业生产领域中的各项流动资产，包括各种原材料、燃料、包装物、低值易耗品、协作件、在产品和待加工的自制半成品等。流通性流动资产，是指占用在企业流通领域的流动资产，包括产成品、外购商品、现金、银行存款和各种应收款项。生产性流动资产是企业进行生产经营活动的前提条件，且占用比重较大，是流动资产管理的重要部分。

流通性流动资产代表着企业的实际支付能力，应加强管理，同时，要尽量避免流通性流动资产数额过大，以防止产成品积压和应收账款沉淀。

（3）按资产的变现情况分，流动资产可分为速动资产和非速动资产。

速动资产是指能迅速转化为现金的流动资产，主要包括现金、应收账款、短期投资等非速动资产，是指不能迅速转化为现金的流动资产，主要有存货等。

2. 企业流动资产的管理要求

（1）正确预测流动资产的需要。在企业管理中，流动资产需要量是指在特定时间段内，为了确保企业的生产经营需要，同时避免积压和浪费，所需的合理流动资产占用量。要有效管理流动资产，必须运用科学方法，考虑经营规模、流动资产周转速度、市场状况等影响因素，并准确预测所需的流动资产量。这样可以为企业合理运用流动资产提供科学依据，同时方便进行流动资产的考核和控制工作。

（2）合理筹集和供应流动资产所需要的资金。企业通过预测确定流动资产需要量之后，就应该选择合适的筹资渠道和方式，以较低的资金成本筹集企业所需要的流动资金，并将筹集到的资金及时、足额地供应给企业生产经营需要。

（3）在流动资产管理中，合理控制资产的占用数量至关重要。如果企业流动资产的占用量过多或出现不必要的情况，这将导致资源浪费并给企业带来损失。因此，在保证生产经营活动正常运转的前提下，企业应当科学地管理流动资产，以提高其利用效率。

（4）不断加速流动资产的循环与周转。随着企业生产经营规模的扩大和发展，流动资产的需要量会越来越大，而企业为筹集大量资金，相应付出的代价也就越高。解决此矛盾，除依靠银行借款等外部渠道外，在企业内部应加速流动资产循环与周转，挖掘流动资产潜力，达到多增产少增资、增产不增资、节约流动资金、提高资金利用的效果。

（二）企业固定资产管理

1. 企业固定资产的主要特点

（1）投资的一次性和回收的多次性。企业购建固定资产时，必须一次性支付相当数额的资金，而固定资产价值的回收又是通过折旧的形式逐渐回收的，其价值的回收具有多次性。

（2）价值补偿和实物更新分别进行。由于固定资产的价值补偿是随着固定资产的使用来逐渐实现的。而固定资产的实物更新，则是在该项固定资产不能或不宜继续使用时，用积累的资金进行一次性更新的。所以，固定资产的价值补偿和实物更新是分别进行的。

（3）完成一次循环的周期较长。固定资产能在许多个再生产过程中发挥作用。其价值也要经过许多个生产周期，才能全部完成一次循环。其循环周期的长短又取决于固定资产的使用时间，与生产周期的长短无关。因此，固定资产的使用时间越长，完成一次循环的周期越长。

2. 企业固定资产的日常管理

（1）固定资产的归口分级管理

"企业资产是企业持续健康发展的重要保障。"[1] 企业固定资产的内容复杂，他们分散

---

[1] 陈莉. 现代企业资产管理探析 [J]. 全国流通经济，2017（14）：42.

在企业各个使用地点，在生产过程中的具体作用又各不相同。因此管好、用好固定资产，必须调动企业各部门、各单位和广大职工群众分级管理，是企业制定资产管理的一项重要制度。

第一，固定资产归口管理就是按固定资产类别，将其划分给有关职能部门进行管理。如林业企业的生产、动力及运输设备，由机电部门和生产部门管理；房屋、建筑物和管理用具，由行政部门和福利部门管理。各归口管理部门的主要职责是：对企业职工进行爱护集体财产教育。发动群众提合理化建议；对分管的固定资产进行统一调配，办理内部转移、核定需要和清理报废等工作；制定固定资产的维护、保养和修理制度、编制修理计划并组织执行。

第二，固定资产的分级管理就是在各部门归口管理的基础上，按"谁使用谁管理"的原则，将固定资产分别落实到各级使用单位，由各级使用单位负责管理。要求各使用单位和个人，必须严格遵守固定资产的各项管理制度，以保证固定资产的安全完整，提高固定资产的利用率和完好率。

在固定资产分级归口管理的同时，建立固定资产归口分级管理责任制，在明确管理责任和权限的基础上，制定出合理的考核指标和奖惩办法。对管理成绩突出的单位和个人，应按照考核指标给予奖励。对于使用不善、保管不当、利用效果较差的单位和个人除给予批评教育外，还必须给予处罚。对使用保管中玩忽职守、造成重大损失的人员，还必须依法追究责任。

企业财务部门是管理资产的综合部门，应全面组织企业各单位和部门对固定资产的保管和合理使用。企业财务部门主要职责是：会同有关部门建立健全固定资产管理制度并组织执行；监督固定资产的调出、调入、报废清理和清查盘点；编好固定资产折旧计划，及时、足额地提取折旧；全面掌握固定资产的增减变动情况，并加以控制。

（2）做好固定资产管理的基础工作

第一，按固定资产目录分类、编号、设卡。企业使用的固定资产不仅种类多，而且数量大，必须对其按照固定资产目录进行分类，依顺序统一编号，做到设备定号，按物设卡，保管定人，以便查清责任。

第二，建立固定资产账目和卡片。为了详细反映固定资产的保管、使用情况，保证固定资产的增减记录准确及时。财务和有关保管、使用部门，都应建立相应的账目，彼此之间经常核对，以保证账实相符。固定资产卡片，应按每一固定资产分别设立，卡片上登记该项固定资产的详细情况，财务、管理部门和使用部门各保存一份，便于各部门掌握固定资产状态及数量。

第三，搞好固定资产的维修，就是有效地进行固定资产的日常维护、保养和检查、修理等工作。在使用固定资产时，严格遵守操作规程，经常观察设备的使用和运转情况，按期进行维护保养，防止过早磨损和遭受不应有的损失。在日常维护、保养的基础上，搞好设备检修，恢复设备的正常生产效能，提高设备的利用率。

第四，合理使用固定资产。在固定资产使用上，要根据生产任务、设备的性能及生产能力、操作人员的技术水平等因素确定固定资产的使用数量和使用时间，避免超负荷使用。

（三）企业无形资产管理

1. 企业无形资产的特点

无形资产是指企业可长期使用并取得收益但没有实物形态的资产，包括专利权、商标权、著作权、土地使用权、非专利技术和商誉等。它代表企业所拥有的一种法定权和优先权，或企业所具有的高于一般水平的获利能力。企业无形资产具有明显的非实体性、长期获利性和专用性等等，是时代发展的今天显示企业实力和竞争力的非常明显的标志。

无形资产是一种特殊资产，具有三个特点：①无实体性。无形资产不像机器、设备等固定资产那样具有一定的物质实体，而是以某种权利或特权的形式存在。实质上无形资产是一种观念上的资产；②专有性，也称独占性。无形资产的使用权和所有权都具有排他性，为所有者所垄断，未经所有者许可他人不能取得和使用；③不确定性是指无形资产在使用期限及在使用期间所能提供的未来经济效益具有很大的不确定性。因此，无形资产在进行管理时，难以计量其价值，也难以确定其投资回收期。所以，在实践中只有不断地研究无形资产的特征，加强管理，才能充分发挥无形资产的作用。

2. 企业无形资产的种类

（1）专利权。专利权是国家专利机关根据发明人的申请，经法定程序确认后而给予发明者在一定年限内拥有制造、使用和出售等方面的一种权利。它包括发明专利权、实用型专利权和外观设计专利权。专利权是允许持有者独家使用或控制的特权。专利权并不一定能给持有者带来经济效益，所以企业并不将所拥有的一切专利权都予以资本化，只有那些能带来较大经济价值并且为此作了支出的专利，才作为无形资产管理。这种专利一般具有降低成本、提高产品质量、转让能获得收入的能力。

（2）商标权。商标权是指企业拥有的为标明某类商品或劳务而持续使用特定名称或图案的权利。经商标局核准注册的商标为注册商标，商标注册人享有商标专用权，受法律保护。企业自创商标并将其注册登记，所需费用一般不大，是否将其资本化并不重要，因此，一般不作为无形资产计价入账。按商标法规定，商标可以转让，但受让人应当保证使用该商标的产品质量。如果企业购入商标花费较大时，可以将其资本化，作为无形资产管理。

（3）土地使用权。土地使用权是指土地经营者依法取得的土地在一定期限内进行建筑、生产或其他活动的权利。土地使用者只享有土地使用权，不享有土地所有权。土地使用权有三个基本特征：一是具有相对的独立性，即在土地使用权存续期间，其他任何人包括土地所有者，不得任意收回土地和非法干预使用权人的经营活动；二是使用内容的充分性，使用人在法定范围内有对土地实行占有、使用、收益和处理的权利；三是土地使用权是一种物权，即土地使用权所有者在其使用权受到侵害时，具有向有关部门提出保护的请求权。

（4）著作权。著作权也称版权，是国家版权管理部门依法授予著作或文艺作品作者于一定年限内发表、再版和发行的权利。这种专有权除法律另有规定外，未经著作人许可或转让，他人不得占有和使用。作者本人或授权人享有以合法方式利用作品而取得物质利益的权利，受法律保护。

（5）经营特许权。经营特许权是指经政府批准在一定区域内经营某种特定商标商品或劳务的专有权利，如政府授予石油、烟草等行业对其经营的商品享有独占的经营特许权。

（6）非专利技术。非专利技术即专有技术或技术秘密、技术诀窍，是指拥有者专有的、未申请专利因而不为外界所知，不享有法律保护的各种技术知识和经验，主要内容包括：①工业专有技术，指在生产上已采用，仅限少数人知道，不享有专利权或发明权的生产工艺或加工方法的技术知识；②商业专有技术，指具有保密性质的市场情报以及用户竞争对象的情况和有关知识；③管理专有技术，即生产组织的经营方式、管理方法、培训职工方法等保密知识。非专利技术不受法律保护，因此，非专利技术依靠所有者自我保密的方式维护其独占权，可以用于转让和投资。

（7）商誉。商誉是指企业所处地理位置优越、信誉卓著、经营出色、生产效率高、历史悠久、经验丰富、技术先进等原因，与同行业相比，可获取超额利润而形成的价值。商誉的存在，未必一定有为建立它而发生的成本，所以除企业合并、兼并外，商誉一般不得作价入账。

3. 企业无形资产的管理要求

（1）正确评估无形资产的价值。企业对无形资产评估，实质上是以价值形式对无形资产进行的管理。鉴于无形资产的特殊性，企业在对无形资产进行评估时，必须坚持以成本计价为基础的原则,同时遵循效益计价、行业对比计价、技术寿命计价、合同随机计价等原则,划清无形资产的估价范围,采用科学合理的估价方法,对无形资产进行正确的评估,以维护无形资产所有者及购销双方的经济利益。

（2）按规定期限分期摊销已使用的无形资产。无形资产一经投入使用,其使用期限较长,所带来的经济效益也涉及多个生产经营周期。因此,按照收入和费用的配比原则,企业的无形资产价值应在其受益期内进行摊销,不能将无形资产全部成本一次计入当期费用。无形资产摊销期限,有的在法律上作了规定,有的在合同和协议中作了规定,企业必须按规定的摊销期限进行无形资产摊销。

（3）充分发挥无形资产的效能与效益。充分发挥无形资产的效能,提高无形资产利用效果,对于提高企业经济效益、增强市场竞争能力和获利能力都具有非常重要的作用。

因此,企业要提高对无形资产管理的认识,明确无形资产对企业成败的关系。积极创立和积累无形资产,重视发挥无形资产的作用,增强企业经济实力。管好现有的无形资产,保证企业无形资产的安全完整,充分发挥无形资产的效能。

三、企业的利润分配管理

（一）企业利润的形成及管理要求

1. 企业利润的形成

企业利润是企业在一定时期内的财务成果,是在保证企业资本金完整基础上实现的净收益。企业利润是在企业生产经营活动中各项收入和各项支出相抵后的余额。

企业利润总额包括销售利润（或营业利润）、投资净收益、营业外收支净额三部分。

销售利润（或营业利润）是企业生产经营活动的主要成果,是企业利润总额的主要组成部分。

投资净收益,是指投资收益与投资损失相抵后的净额。投资收益包括对外投资获得的利润、股利和债券利息、投资到期或中途转让取得款项高于账面价值的差额,以及按照权益法核算的股权投资在被投资单位增加的净资产中所拥有的金额。投资损失包括投资到期或者中途转让取得款项低于账面价值的差额,以及按照权益法核算的股权投资在被投资单位减少的净资产所分担的金额。

企业营业外收入和营业外支出,是指与企业生产经营活动无直接关系的各项收入和支出。营业外收入包括：固定资产的盘盈和出售的净收益,罚款收入,因债权人原因无法支付的应付款项,教育费附加返还款等等。营业外支出包括：固定资产盘亏、报废、毁损和出售的净损失，非季节性和非修理期间的停工损失，职工子弟学校经费和技工学校经费，非常损失，公益救济性捐赠，赔偿金和违约金等。

2. 企业利润的意义及管理要求

（1）利润的意义

企业利润集中反映企业生产经营活动中所取得的最终财务成果，是企业职工为社会创造剩余产品的一部分。在市场经济条件下，企业在尽可能多地生产物质产品的同时，不断减少消耗，降低产品成本，创造更多的利润。

第一，企业利润是保证社会正常活动的必要条件。在社会主义国家，为保证社会政治、经济、文化的稳定发展，除了有物质生产部门以外，还必须有非物质生产部门，这些部门的开支主要由国家财政拨款来满足。而国家的财政拨款是以税收为主要来源的，企业的利润则是国家税收的重要来源。所以，企业利润是保证社会正常活动的必要条件。

第二，企业利润也是提高职工物质文化生活水平的主要资金来源。企业利润的增加，可以使国家和企业有较多的资金用于增加职工收入和举办集体福利事业，提高职工的物质文化生活水平。

第三，企业利润是社会和企业扩大再生产资金的保证。社会扩大再生产要依靠物质生产部门的资金积累。企业扩大再生产所需要的资金，由国家投资、银行贷款、引进外资、社会集资等作为主要来源。企业内部的积累、企业利润的提高便作为扩大再生产资金的保证。

可见，企业实现的利润越多，对社会的贡献就越大，企业自身的发展也就越快，同时职工也能获得到更多的物质利益。

（2）企业利润管理的要求

第一，树立正确的盈利观点，不断提高盈利水平。企业要遵循国家的政策法规，合理进行生产经营，为社会提供合格的产品或劳务，并取得盈利。

第二，实行目标分管责任制，保证利润目标的实现。企业应以目标利润为核心，层层落实目标管理责任制，把企业的总体目标利润分解到各基层单位，做到目标明确，责任分明。企业的各项工作都要围绕目标利润进行，保证目标利润的实现。

第三，严格执行财政法规，正确分配企业利润。利润分配是一项政策性很强的工作，要严格按照国家有关财政法规进行核算和分配。任何单位或个人无权对企业的合法利润分配进行干涉或者变相侵占。企业有拒绝各种不合理摊派，保护自身合法权益的权利。

（二）企业利润的日常管理及增加途径

1. 利润形成日常管理的方法

（1）目标利润系统控制法是将利润的事前、事中、事后管理和利润归口分级管理相结合的一种管理方法。其基本要求为：①编制利润计划，确定目标利润及为达到目标利润所采取的方法措施；②将利润指标分解落实到企业各部门、各基层单位，实行利润归口分级管理，分析指标要求，明确各部门、各级单位完成利润目标的职责，并制定相应的措施，确保利润实现；③利润计划的执行在实施过程中及实施后，需要了解利润计划（目标）的执行和完成情况，要进行分析、考核和评价，揭示差异及形成差异的原因，及时采取相应措施，改进生产经营管理，不断提高企业盈利水平。

（2）利润分类控制法是按产品大类或生产项目控制利润实现的一种方法。其基本要求为：①按产品大类或生产项目核算企业生产经营利润；②定期检查、考核各项目利润的实现情况，不同产品、不同项目实施不同的控制措施，并针对生产经营过程中利润变化情况采取相应的控制措施；③对重点盈利产品、项目和亏损产品、项目进行重点控制。

2. 现代企业利润的增加途径

（1）增加产量，提高质量，开拓市场，扩大销售。在激烈的市场竞争中，企业需要依赖提高销售量来增加销售收入，而无须改变原意。因此，必须着力挖掘生产潜力，提升劳动生产率和设备利用率，改进工艺技术，以增加产品产量。同时，务必积极提升产品质量，树立良好信誉，打造知名品牌，开拓新的市场，扩展产品种类，满足不同层次的需求。为了时刻紧跟市场动向，加强销售管理，拓展促销手段，保持并扩大市场份额。对于市场需求，还需研发新产品，确保产品持续升级，保持畅销，以实现增产增收的目标。

（2）改善企业经营管理，降低生产经营成本。企业生产经营成本的高低是决定企业利润大小的关键。因而，企业必须积极采取各种措施，尽可能降低人力、物力、财力的耗费，以不断降低成本，获得较多的利润。

（3）合理使用资金，加速资金周转。利润是企业资金运动的结果，资金运用合理与否，对企业利润水平高低有着直接影响。因而，企业必须设法加速资金周转，节约资金占用，从而实现用尽可能少的资金，取得尽可能多的利润。

（三）企业利润的预测和编制

1. 企业利润的预测及方法

利润预测是指按照企业的经营目标，通过对影响利润变动的各项因素进行综合分析与评价，测算企业在未来时期可能达到的利润水平。企业利润预测主要是对企业产品销售利润的预测。产品利润的预测，可以采用利润率预测法和本量利预测法进行。

（1）利润率预测法是根据利润率指标来预测计划期产品销售利润的方法。此方法适用于产品销售结构简单、销售价格和销售成本比较稳定，即利润率变动不大的产品销售利润的预测。利润率指标有多种表现形式，如销售收入利润率、资产利润率、成本费用利润率和产值利润率等。

（2）本量利预测法是根据销售量、成本、利润三者之间的内在联系，在已知其中两个因素的条件下，推测另一个因素。既可用于产品销售利润的预测，又可用于产品销售收入和销售成本的预测。

2. 企业利润计划的编制

企业利润总额包括营业利润、投资净收益和营业外收支净额三部分，而作为主要部分的营业利润又包括产品销售利润和其他销售利润，因此，编制企业利润计划主要是确定企业计划期内产品销售利润、其他销售利润、营业外收支净额、企业利润（或亏损）总额等。

（1）产品销售利润计划的编制。在企业中，有两种方法用于计算计划年度产品销售利润：直接计算法和因素分析法。

直接计算法是根据企业计划年度各种产品的计划销售收入、销售税金、销售成本和销售费用，以直接计算每种产品的销售利润，最后汇总确定全部产品的计划销售利润。

因素分析法是在上年度利润水平的基础上，综合考虑计划年度内可能影响利润增减的各项因素，如产量增减、成本升降、销售产品品种、价格和税率变动等，来计算企业计划年度产品销售利润的一种方法。这种方法特别适用于产品品种繁多的企业，因为考虑了更多变量，可以更准确地预测销售利润。

总的来说，直接计算法依赖于明确的计划数据，而因素分析法更加综合考虑了多种因素对利润的影响，使得企业能够更全面地进行销售利润预测。

（2）其他销售利润计划的编制。其他销售利润包括的内容较多，但数额不大，一般以上年实际利润为基础，通过考虑计划年度的变动因素，来进行适当调整而定。

（3）营业外收支计划的编制。营业外收支计划数的确定，必须以财政规定的收支项目为标准，凡有收支标准的，可以事先预计项目计划分不同情况进行计算，有些项目可以参照上年实际收支水平加以确定。

（4）利润总额计划的编制。利润总额的计划数可按利润构成的公式直接计算：企业利润总额=业利润+投资净收益+营业外收支净额。

(四)企业利润的分配与评价

1. 企业利润的分配

利润分配是指企业把一定时期实现的利润按照国家财务制度的规定,向国家、投资者和企业职工进行分配的过程。利润分配与国家、投资者、企业和个人的权益密切相关。

(1) 企业利润分配的原则

企业的利润分配基本分两部分:①缴纳所得税;②税后留利分配。因此,企业的利润分配应考虑的原则包括:正确处理国家、企业、个人三者利益关系的原则;利润分配与企业经济效益、职工劳动成果相联系的原则;税后留利分配兼顾生产和生活需要的原则。

(2) 企业利润分配的基本项目

第一,企业亏损及亏损弥补的项目:企业亏损要严格划分政策性亏损和经营性亏损的界限。政策性亏损经财政部门核定实行定额补贴或亏损包干办法。经营性亏损原则上由企业自行解决。企业经营性亏损的弥补办法是,企业发生年度亏损,可以用下一年度的税前利润弥补;上一年度利润不足弥补的,可以在5年内用税前利润延续弥补。5年内不足弥补的,用缴纳所得税后的利润弥补。

第二,利润总额调整的项目:企业的利润总额按规定做相应调整后,依法缴纳所得税。这里讲的调整项目主要是指:所得税前弥补亏损;投资收益中已纳所得税的项目或按规定只需补交所得税项目;会计收益和税收收益的差异。

第三,依法缴纳所得税的项目:企业利润总额在进行调整后即为应纳税所得额,企业要依据应纳税所得额和所得税税率缴纳所得税。按我国目前的税法,企业实行的是统一的所得税税率,这样,可以促使不同所有制、不同规模的企业,在平等的税收条件下公平竞争。

第四,税后利润序列分配的项目:企业缴纳所得税后的利润,称为税后利润。税后利润一般按顺序分配:①弥补以前年度的亏损;②提取法定公积金,法定盈余公积金按照税后利润扣除前两项后的10%提取;③提取公益金,公益金主要用于职工的集体福利,按规定比例提取;④向投资者分配利润。在完成这四项分配后,可根据投资者的投资比例分配利润。股份有限公司提取公益金以后,按照顺序分配:支付优先股股利;提取任意盈余公积金;支付普通股股利。

当年无利润时,不得分配股利。但在用盈余公积金弥补亏损后,经股东会特别决议,可以按照不超过股票面值6%的比率用盈余公积金分配股利,在分配股利后,企业法定盈余公积金不得低于注册资金的25%。

(3) 企业利润分配的控制

企业应严格遵守国家关于利润分配的规定,按规定顺序分配利润,首先弥补经营性亏损，然后及时足额地上缴所得税。企业在税后利润没有弥补完以前年度的亏损时，不能提取公积金和公益金。股份制企业在向投资者分配利润前，经董事会决定或按章程规定，可以提取任意公积金。提取任意公积金是为了控制向投资者的利润分配水平，以减少因各年利润分配水平不同而造成的波动，这样更有利于企业长期稳定发展。

企业当年没有盈利，不得向投资者分配利润。不能做超利润分配和超前分配，影响企业以后的发展。股份制企业当年无利润，原则上也不分配股利。但已用盈余公积金弥补亏损后，经股东大会通过，可以用不超过股票面值6%比率的盈余公积金分配股利，但分配后的盈余公积金不能低于注册资金的25%。

2. 企业利润的评价

（1）企业利润的评价指标

第一，利润总额是指企业在一定时期内实现的全部利润额，是反映企业生产经营活动最终财务成果的绝对数指标。

第二，利润率是一个相对数指标，利用它能在不同企业间进行比较。利润率指标包括：①销售收入利润率是销售利润对销售收入的比率。销售收入利润率表明每元销售收入中包括的利润额，说明企业单位销售收入获得利润的水平；②成本费用利润率是企业销售利润对销售成本费用的比率。成本费用利润率表明单位成本费用所取得的利润大小。此指标能直接反映降低成本、节约费用的经济效果。企业在一定时期内的销售成本越低、费用越少，则利润越多，成本费用利润率也就越高。运用这个指标，可以促进企业降低成本费用、增加利润；③资本金利润率是企业销售利润对企业资本金的比率。资本金利润率表明企业投资者投入的资本金的获利能力，也表明企业负债资金成本的高低。企业资本金利润率越高，说明企业投入的资金少，收益高。但企业不能为了保持较高的资本金利润率的水平，而盲目减少资本金的投入，借入大量的高息贷款，因为贷款的利息最终要冲减企业的利润。而低于企业资本金利润率的借款利率对适度负债的企业是有利的。资本金利润率可以促使企业合理使用资金，有效地利用适度负债来提高企业的盈利水平；④普通股股利是股东最关心的利润率指标；⑤人均利润率表现企业的利润总额和职工人数的比值。

（2）企业利润的评价方法

第一，简单对比法。

利润总额对比。在对企业不同时期的利润总额进行对比分析时，如果企业的利润总额呈递增的趋势，说明企业在不断发展，经济效益在逐步提高，利润增长的幅度越大，经济效益就越好。同行业企业之间利润总额比较，不但可以比较两者经济效益的差异，还可以反映企业的规模。但利润总额是个绝对数，指标的对比有很大的局限性，受地区、时间和企业规模等因素的影响，有时对比结果不能客观反映企业经营管理水平。

利润率指标对比。利用利润率指标进行分析对比，可以客观地反映企业的经济效益水平。不同地区、不同历史时期、不同规模的利润率指标都有一定的可比性。利润率指标越高，说明企业的经济效益越好。

第二，综合对比评价法

对某项利润指标进行对比，只能反映企业利润构成的某一个方面。要对企业的经济效益作全面的分析、考核，还需要通过对各项利润指标进行全面的综合评价。各种利润指标之间都有内在的联系，单独依据某一项指标分析评价企业的经济效益会导致错误的结论。如在对某一企业的利润指标进行对比分析中发现，除了利润总额这一项指标增长外，其余各项利润率指标都有不同程度的下降，表明企业主要靠高投入取得经济效益，实际经济效益并不好；反之，如果对某一企业的利润指标进行分析对比时发现，除了利润总额这一项指标降低外，其余各项利润率指标都有所上升，表明企业投入少，生产规模下降。一般说来，企业利润总额和利润率指标全面提高，生产与利润同步增长，才能说明企业的经济效益上升。

在对各项利润率指标进行对比分析时，如企业的销售收入利润率提高或降低了，就要进一步依次从成本费用利润率、人均利润率指标进行分析。这样，可以从销售收入、成本费用、劳动力等因素与利润的关系中分析，找出影响利润提高的具体原因，有针对性地采取措施，确保企业利润的提高。资本金利润率、销售收入利润率、成本费用利润率这三项指标是我国财务制度规定总结和评价企业盈利能力的指标，是根据我国企业的实际情况，并借鉴国际通行评价企业指标体系设计的。这些指标既可以满足政府部门的需要，也可以满足投资者、债权人和企业经营者的需要。

企业可以根据具体情况，采用利润总额指标和销售收入利润率、成本费用利润率、资本金利润率、人均利润率等指标，评价和考核企业的经济效益，加强企业管理，提高经济效益。

第二节　企业财务风险的传导机理解读

一、企业财务风险传导的理论基础

（一）企业财务风险传导的基础内容

1. 企业财务风险传导的基本概念

"随着经济和企业经营多元化的发展，企业内部存在财务风险的几率日益增加，而且企业财务风险会在各部门之间以及生产经营的各个环节内进行相互传导，进而使企业的正常运行和经济效益都会受到不同程度的影响，这就是企业财务风险传导机理。"[1] 财务风险传导是指企业由于受到不可避免的外部和内部不确定性因素的影响产生的财务风险，依附于特定的传导载体，经过一定的路径，向企业财务活动的各个功能节点及外部财务关系传导和蔓延，进而导致企业及其关联企业财务目标偏离预期目标而遭受损失的过程。

财务风险传导包括两层含义：①外部传导，即企业产生的财务风险可能会通过某些载体经由特定路径传导至其财务关系；②内部传导，即一个理财环节产生的财务风险会通过某些载体经由特定路径传导至另一个理财环节，如筹资、投资、经营和收益分配各环节之间的财务风险传导，以及财务预测、财务决策、财务计划、财务控制、财务核算、财务分析各环节之间的财务风险传导。与此同时，企业财务风险传导机制构建中，需遵循有效性原则、柔性控制原则、可操作性原则、系统性原则、适时性原则。

2. 企业财务风险传导的类型划分

（1）按传导中财务风险的耦合形态进行划分

第一，纯耦合传导。当两个子财务风险之间不相关，财务风险耦合度几乎为零时，此时子财务风险 m 与 n 在传导过程中相互独立、互不影响，财务风险传导的耦合效果是"$1+1=2$"，财务风险按着既定的速度沿着传导链进行传导，整个财务系统耦合前后整体风险状态保持不变，处于平衡态之中。

第二，弱耦合传导。当两个子财务风险之间呈负相关，风险耦合程度低，此时子财务风险 m 与 n 在传导过程中相互减弱和阻断，此时财务风险传导起到"$1+1<2$"的耦合效果。弱耦合将减慢和阻断财务风险在企业的传导，耦合后的企业整体财务风险小于耦合前的整体财务风险。

第三，强耦合传导。当两个子财务风险之间呈正相关耦合时，此时子财务风险 m 与子财务风险 n 在传导过程中相互促进、相互叠加，增加了企业整体的财务风险，当正耦合的效果达到一定程度时甚至有突变产生新的财务风险的可能。由于功能节点间的高关联度和子财务风险之间的正耦合，导致各子财务风险在叠加效果上有所扩增和延伸。

（2）按传导中财务风险是否发生变化进行划分

第一，稳态传导。稳态传导是指在财务风险在传导过程中仅沿着既定的路径传导。在传导过程中，财务风险的性质仍是初始状态，不会因其他因素发生质的变化而产生新的财务风险。

---

[1] 李斌. 企业财务风险传导机理及控制 [J]. 改革与开放，2017（12）：125.

稳态传导无疑是财务风险传导类型中最简单的一种，此时财务风险只是沿着传导路径发生量的变化。稳态传导一般具有基本特征包括：①财务风险在传导过程中的速度、强度与传导系数正相关，不同类型财务风险的传导系数是不一样的，因而不同性质的财务风险在传导过程中所表现的形式也是不同的；②财务风险在传导过程中的速度、强度与阻尼系数负相关，阻尼系数越大，财务风险传导的速度越慢、强度越小。财务风险传导路径的不同以及财务风险管理措施会在一定程度上决定阻尼系数的大小，因此，财务风险传导在一定程度上是可以控制的。

第二，非稳态传导。企业财务风险非稳态传导可以分为瞬态财务风险传导和周期性财务风险传导。

瞬态财务风险传导，指由于财务风险传导的边界突然发生阶跃式的变化，使财务风险瞬间发生传导，这类财务风险的传导是突发的、难以预料的。在瞬态传导过程中，企业在财务风险传导前未能察觉到风险征兆，风险接触的每个功能节点都受到影响，存在风险吸收蓄存的现象。

周期性财务风险传导，指因企业经营活动的周期性变化而导致财务风险在传导过程中也呈周期性变化。企业财务风险在整个传导过程中是波动、间歇或随时间呈一定规律变化的。

（3）按企业财务风险传导的源头进行划分

第一，以企业外部为风险源的风险传导。以企业外部为风险源的风险传导是指风险源存在于企业的外部环境中，如外部政策、经济、金融以及行业中存在的风险源，随着企业与外部环境不断发生联系和交流，外部风险源突破阈值逐渐传导和扩散到企业内部财务流程，导致企业财务活动偏离预期目标并产生财务风险的可能性。

在这一层面上，又可细分为两种：从外部关联企业传导至企业内部财务活动和从外部非企业组织传导至企业内部财务活动。

第二，以企业内部为风险源的风险传导。以企业内部为风险源的财务风险传导是指位于企业内部的风险源，导致企业在财务活动中产生偏差和不确定性，该偏差和不确定性经由财务活动流程得到传导和放大，从而使企业财务活动偏离预期目标，并产生损失的可能性。

由企业内部产生风险源的传导，可以分为三种形式：企业内部环节之间的财务风险传导、从企业内部传导至外部相关企业、从企业内部传导至外部非企业组织。

3. 企业财务风险传导的主要特征

（1）复杂性。在复杂多变的市场环境下，企业财务风险传导系统复杂，面临顾此失彼的问题。财务风险传导系统构成因素众多，其关键性因素有资产、负债、所有者权益、收入、费用、利润和现金流量，各因素之间相互关联、相互影响，且有复杂的相互依存关系，其中多数呈现明显的非线性关系。

（2）路径依赖性。路径依赖是指一个具有正反馈机制的体系，一旦在外部性偶然事件的影响下被系统所采纳，便会沿着一定的路径发展并形成一定的固有惯性，很难为其他潜在的甚至更优的路径或体系所取代。

路径依赖是企业财务风险传导的机理特征之一，企业财务风险的传导一定是依赖于某种路径的。

（3）方向性。企业财务风险传导具有一定的方向性，主要模式可以分为单向风险传导、双向风险传导、多向风险传导。

力学上有一个普遍的原理，在力的运动过程中，当有几个可供选择的方向时，质点会向阻力最小的方向移动。同理，在企业理财系统风险的传导过程中，风险传导的方向也适合这一原理。当企业财务活动中产生财务风险时，由于传导网络中各环节的关联性及复杂性，财务风险存在向几个方向传导的可能性。

当企业财务风险开始传导时，由于企业内部及企业与外部其他利益主体之间复杂的业务流程链和供应链，财务风险流可能会向多个方向传导，但最可能进行传导的方向是与企业利益相关度高的主体。当一个财务节点或企业的风险流沿着一定的路径传导至另一个财务节点或企业时，相似于力学中的作用力与反作用力原理，另一个节点或企业的风险流同样可能沿着相同路径往回传导至这一节点或企业，这就是财务风险传导的双向性。

（4）突发性。企业财务风险的产生和传导都是偶发事件，一旦发生，就会迅速导致严重后果。突发性是财务风险传导的显著特征。财务风险产生主要源于信息不完全共享，不同利益相关方由于自身利益考虑而难以及时有效地交流共享信息，这构成了财务风险传导的基础。财务风险在财务活动的某个节点突发并传导，需要经历一个变化、蓄积，并超过风险阈值的过程。一般情况下，财务风险的产生和蓄积过程较为缓慢，在财务系统内部只会引起细微的变化，因此企业财务管理者难以察觉这种风险发生的过程。

当外部宏观环境发生巨大变化时，也可能导致财务风险快速传导。一旦财务风险在某一功能节点蓄积超过风险阈值，必然会破坏企业财务系统的内外平衡，财务风险会突然迸发，并沿着风险传导路径快速传播，给其他财务主体带来类似或新的财务风险。财务风险在突破风险阈值之前的蓄积过程具有很强的隐蔽性，这决定了财务风险传导具有明显的突发性。

（5）不可逆性。企业财务风险的传导过程是不可逆的，财务风险一旦开始传导，就会传导和蔓延至财务活动的各个功能节点，某些功能节点所面临的风险性质和风险状态得以改变，形成了具有不同属性、不同影响和不同表现的财务风险子系统，这种由于财务风险传导所导致的功能节点间风险状态的改变，是无法完全复原的。企业财务风险传导过程的不可逆性说明，尽管企业可以通过各式各样的方法来掌握企业财务风险传导的规律，并在此基础上总结对财务风险进行管理和控制的有效途径，但无法完全阻止财务风险的发生和传导，只能尽量降低财务风险后果的负面影响。

（二）企业财务风险传导的构成要素

1. 企业财务风险传导的主要载体

（1）企业财务风险传导的资金载体

资金犹如企业的"血液"，企业从设立、维持运行、一直到不断扩大再生产都需要资金，或者说直接的货币投资。以资金为载体的企业财务活动过程中，每一个环节都存在不确定性，企业处处存在财务风险。当今形势下，企业财务风险与防范不仅仅是内部的管理，更多的是从企业营运的角度来看的概念。

（2）企业财务风险传导的信息载体

第一，信息不对称。信息不对称包含两层基本含义：①信息量在交易双方之间的分布是不对称和不均衡的，即一方可能比另一方拥有更多的信息量，例如企业在向银行申请贷款时，企业充分了解自身的财务状况，但是银行对企业财务状况的了解是片面的，企业为了申请贷款成功可能会隐瞒自身的财务风险部分；②交易双方了解各自信息占有方面的相应地位，虽然处于信息劣势的一方缺乏部分相关信息，但对这些相关信息的分布概率是大致了解的，并可以通过概率分布进行预测，例如企业采取赊销的方式销售商品时，会根据不同企业的资信程度给予不同量的赊销额度，对资信程度高的企业给予更大量的赊销额。

由于信息不对称使企业某一财务环节产生的风险通过信息载体在企业内部或外部进行传导。造成企业财务活动中信息不对称的原因是多方面的，主要体现在企业财务管理者信息识别和处理的能力不强。财务管理者自身对信息的识别与处理能力在财务活动中占有非常重要的地位。在外部其他利益主体或内部其他环节提供了足够的信息，并且在信息传导渠道也通畅的情况下，如果企业财务管理人员由于自身专业能力的局限性，缺乏对信息识别、加工和处理的能力，那么依然会做出错误的财务决策，使企业可能遭受财务风险并造成损失。

第二，信息传递的渠道不通畅。由于企业外部其他利益主体或内部其他环节的信息传递技术不健全或是信息传导渠道不通畅，使得企业某一财务环节的管理者不能及时获取有关活动的准确信息。当外部其他利益主体或内部其他环节产生财务风险时，由于信息传递渠道的不通畅，财务管理者无法及时了解到这种财务风险，进而在该环节做出错误的财务决策，使得企业遭受财务风险甚至重大经济损失。

第三，欺诈导致的财务风险传导。如果外部相关利益主体存在主观的欺诈行为，那么会使财务风险传导现象更为严重。相关利益主体从自身利益的角度出发，利用交易双方在交易活动中存在信息不对称，故意隐瞒真实情况，提供虚假的信息，造成另一方做出错误的决策，将自身的财务风险转移至对方单位。目前由于我国市场制度还不健全，因欺诈行为导致的财务风险传导尤为严重。

（3）企业财务风险传导的人员载体

任何企业都要借助于财务管理这一项活动，记录下企业的收入与支出以及两者之间的平衡情况来反映企业的财务状况，财务人员就是进行这项活动的主体。因此，财务人员在企业财务管理活动中至关重要，他们的行为直接关系到企业内外各相关主体的利益所在。如果财务人员的专业知识或职业道德修养不够，企业的财务风险就会以人员为载体传导至内部相关环节或外部相关利益主体。

（4）企业财务风险传导载体的特征

第一，中介性。在企业财务风险传导过程中，载体起到的是一种媒介作用，财务风险流需要依附于某种载体，才能在企业内部各财务环节或企业之间进行传导，没有载体，财务风险传导就失去了传导的基本条件。

第二，承载性。载体的性质不同，其所承载的财务风险也是不同的，财务风险和财务风险载体有些是一一对应关系，有些则是一对多的关系，有的财务风险载体只能承载一种财务风险流，有的财务风险载体可能承载多种财务风险流，这取决于财务风险载体的本身属性。承载风险源并不是风险载体的唯一功能，承载为传导提供了前提和条件。企业财务系统是由内部多个财务环节共同组成，并且与外部相关企业存在财务关系，风险载体承载着各种财务风险流并使其相互作用时，"传导"就开始了。

第三，传导性。传导性和承载性是相辅相成的，承载性只是载体传导财务风险的一个前提条件，只有当载体本身具有在企业内部系统或外部系统进行传导的能力，财务风险才得以传导。否则载体就算能够承载多种风险，但由于处于静止状态，就没有财务风险传导这个动态过程。

第四，客观性。企业财务风险传导载体是客观存在的。一般而言，企业财务风险传导载体主要有资金、信息、人员、宏观政策等，而这些都是企业运营活动所需的必备要素和面临的客观环境，这就决定了财务风险传导载体的存在是客观必然的。另外，财务风险传导载体的客观性还表现在财务风险通过载体进行传导是不以人的意志为转移的。

2. 企业财务风险传导的重要路径

（1）企业内部财务风险传导路径

第一，筹资风险的传导。从筹资风险的形成原因和表现形式来看，当企业不能按期还本付息或自有资金使用效果不佳时，会对以后的筹资活动产生负面影响，使企业难以筹措到足够的资金，此时筹资风险会以资金为载体传导至其他财务环节。

筹资风险以资金为载体传导至投资环节。当企业由于存在筹资风险而筹措不到足够资金时，会对投资过程产生不利影响，甚至由于资金短缺而要放弃好的投资项目。

筹资风险以资金为载体传导至营运资金环节。企业由于筹集不到足够资金而不能及时、高效地购买所需的各种生产资料，就会影响营运活动的正常进行。

第二，投资风险的传导。投资风险是指对未来投资收益的不确定性，在投资中可能会遭受收益损失甚至损失本金的风险。投资项目的收益能力是指企业所筹集资金的投入产出能力，可以通过计算投资收益率来反映。投资风险以资金为载体传导至其他财务环节。

投资风险以资金为载体传导至筹资环节。公司融资偏好有优先顺序，先是内部资金，其次是负债，最后才是发行新股。如果公司的盈利状况良好，由经营活动产生的资金能满足大部分的资金需求，使得企业需要向外举债的额度降低，因此，企业的盈利能力与负债比率呈负相关，即公司盈利能力越好，负债比率就越低。

在企业做出投资决策时，需要主要考虑几个因素：投资所需时间、投资资金量以及回收投资所需的时间。这些因素直接影响到企业筹集资金所需的时间、筹资额度以及筹资期限等要素。在我国现行的金融体制下，企业通常难以通过发行股票的方式为投资项目筹集资金，更常见的做法是向银行贷款。即使有些企业可以通过增发股票为新项目筹集资金，通常也需经历繁琐复杂的程序，耗费较长时间。

因此，企业在进行投资预算时，常伴随债务比例的增加，即投资决策影响着筹资决策。投资决策本质上是风险与收益的权衡，因此，在投资预算过程中，企业需要考虑投资收益与筹资风险之间的平衡。如果某项投资的收益较小但风险较大，企业在投资中可能会承受收益损失甚至本金损失的风险，并将其影响传导至筹资环节，导致无法按期偿还本金和利息的筹资风险。

投资风险还会通过资金载体传导至营运环节，加大营运资金风险。当企业的投资项目不能带来预期投资收益率，而且企业的产品因缺乏竞争力没能形成稳定的现金流，使得现金流无法满足企业正常生产经营的需要，加大了营运资金风险。

第三，营运资金风险的传导。营运资金风险是指因资金不足等原因给企业财务带来负面影响、造成经济损失的可能性。如果营运资金不足，现金循环就无法顺利完成，从而影响企业的正常生产经营活动，营运资金风险就会以资金为载体传导至其他财务环节。

企业在运营中面临着营运资金风险，这种风险通过资金传导至筹资环节。现金流入量反映了企业实际的偿债能力，而资产的流动性则反映了企业潜在的偿债能力。通常情况下，负债的本息偿还需要使用货币资金，因此，即使企业盈利状况良好，其是否能按时偿还本金和支付利息，仍取决于企业预期的现金流量是否及时充足，以及资产的整体流动性状况。如果企业未能及时、足额地实现预期的现金流入量，将面临到期无法偿还本息的风险。这意味着营运资金风险通过资金传导至筹资环节，并产生了筹资风险。

营运资金风险以资金为载体传导至收益分配环节。企业大量赊销、为客户垫付相当数量的债权性资金，使得货款不能及时收回，形成坏账风险。企业会对债权账龄长的应收账款计提坏账准备，导致企业管理费用增加，净利润减少，可供分配的利润减少，这势必会打击股东的积极性。

第四，收益分配风险的传导。收益分配是企业财务内容循环的最后一个环节，收益分配风险是指由于收益分配不当可能给企业的后续经营带来不利影响。收益分配风险会通过资金载体传导至下一轮财务内容循环的第一个环节，即筹资环节，主要表现在三个方面：①因过度发放股利而加大筹资风险。当企业管理决策者未能准确预计投资的时间和所需资金时，可能出现过度发放股利的现象，使得企业由于内部资金不足而要加大从外部筹资的额度，而外部筹资的成本和风险都要高于内部筹资，加大了企业在筹资环节的风险；②因过度留存收益而加大筹资风险。企业如果过度留存收益，就会挫伤投资者的积极性，引起股价下跌，这势必会加大企业未来在资本市场上的筹资风险；③因收益分配风险还会传导至营运环节而加大营运资金风险。企业由于受通货膨胀或会计使用方式不当的影响，可能会出现虚盈实亏的现象，即企业虽然账面盈利，实际上现金流不能够满足下一轮生产经营的需要。在这种情况下，收益分配风险以资金为载体传导至企业的营运环节，增加了营运资金风险。

（2）企业外部财务风险传导路径

第一，下游企业面临上游企业供货延迟或中断的风险。在整个供应链中，一旦某一家企业出现状况而影响其正常生产运营活动，导致不能正常向下游企业输出其产品，下游企业就会因产品得不到及时供应而影响其生产或销售，这样导致供应链条某一环的断裂，财务风险就会通过物质载体以极快的速度在整个供应链传导，从而引发财务风险传导的多米诺效应。

第二，上游企业面临下游企业拖欠货款的风险。供应链上同时存在与物流反方向的资金流，使得节点企业之间由于赊销而形成了债权债务关系。近年来由于违约事件的频频发生，商业银行对贷款的发放更加谨慎，企业也越来越难从商业银行获得帮助。为了解决资金短缺问题，企业只好求助于供应链上的合作企业，因此合作伙伴间的相互赊欠越来越多。如果某个企业财务状况出现问题，就很可能拖欠上游企业的货款，使上游企业面临很大的风险，上游企业又会以资金为载体传导至其上游企业，使整个供应链面临资金短缺的风险。

第三，企业财务风险传导至银行等债权人。负债的本息一般要求以现金的形式偿还。因此，即使企业经营状况良好，但其能够按时还本付息，还在于企业预期的现金流入量是否足额以及资产的流动性如何。如果企业投资决策失误，未能收回的应收账款过多，不能及时或足额地实现预期的现金流入量，导致企业不能按时偿还本息，就会将财务风险传导至银行等债权人。

（三）企业财务风险传导的效应分析

1. 企业财务风险传导的多米诺效应

企业财务风险传导多米诺效应，是指企业财务活动中的一个初始单位，如筹资环节、投资环节、营运环节、利润分配环节等，由于风险源产生风险，达到一定条件后突破风险阈值，借助载体传导给下一个功能节点，致使下一个功能节点产生财务风险，依次继续传导给其他的功能节点，这一传导过程体现了企业财务风险传导的多米诺效应。

事故多米诺效应的存在必须具备的条件包括：①存在触发多米诺效应发生的初始事故；②初始事故发生范围扩大需要一定的物理效应，如火灾热辐射、冲击波超压或碎片；③初始事故蔓延开来必须至少导致一个二级事故发生，从而使得总体后果扩大根据事故多米诺效应发生的条件，以下将企业财务风险传导多米诺效应的发生条件，定为以下三个：

（1）存在风险源。风险源是促使或引起财务风险事件发生的条件，以及财务风险事件发生时，致使损失增加、扩大的条件。风险源是财务风险事件发生的潜在因素，是造成损失的间接的和内在的原因。将触发器定义为 H，各个财务风险因子定义为 h，初始财务风险定义为 X_0，可得公式：

$$\begin{cases} H = \{h_1, h_2, h_3, \cdots, h_n\} \\ X_0 = f(h), h \in H \end{cases} \quad (2-1)$$

（2）初始财务风险必须超过财务风险阈值。多米诺效应的阈值，是表征破坏效应相关物理参数的限值，可作为判断是否会引发多米诺效应的评判准则。如果将初始财务风险阈值定义为 Y_0，那么有：$0 \leq X_0 \leq Y_0$。

（3）初始单元与二级单元具有一定的关联性，毫不相关的两个单元是无法进行财务风险传导的。财务风险载体是证明两个单元之间相关的直接体现。

只有上述条件同时具备，才能引发多米诺效应。

财务风险在由初始环节向下一个功能环节传导过程中，会受到多种因素的影响，这些因素可以加快、减缓甚至阻止财务风险的传导。这些影响因素主要有相关性、环境和被传导单元的风险预控措施。从财务风险在企业内部传导视角来看，业务相关性是指财务管理活动各环节之间的相关性，即筹资环节与投资环节、投资环节与营运环节、营运环节与收益分配环节、收益分配环节与下一轮筹资环节之间的相关性，相关性越大，传导越快。

从财务风险在企业与外部企业传导视角来看，业务相关性是指企业与供应链上其他企业之间的相关性，相关性越大，传导越快。环境包括政策环境、技术环境等，环境的突变可能加快财务风险的传导，也可能突然中止财务风险传导。被传导单元的风险预控措施可能减弱和化解初始财务风险，也可能由于不当而使初始财务风险变大。财务风险的传导过程跟能量的传导是一样的，从某个单元到被传导单元风险能量由于上述因素的存在而处于动态变化中，将风险变化系数定义为风险扩散系数，用 δ_0 表示，业务相关性为 a，环境为 b，被传导单元的风险预控措施为 c，那么有：

$$\delta_0 = f(a, b, c) \tag{2-2}$$

由此可得二次风险：

$$X_1 = X_0 \times \delta_0 \tag{2-3}$$

综合以上所述，企业财务风险传导多米诺效应的初始传递模型为：

$$\begin{cases} H = \{h_1, h_2, h_3, \cdots, h_n\} \\ X_0 = f(h), h \in H \\ X_0 \geqslant Y_0 \\ \delta_0 = f(a, b, c) \\ X_1 = X_0 \times \delta_0 \end{cases} \tag{2-4}$$

2. 企业财务风险传导的耦合效应

（1）财务风险传导耦合效应的运行机理。耦合作为物理学概念，是指两个或两个以上的体系或运动形式通过各种相互作用而彼此影响的现象。例如在两个单摆之间连上一根弹簧，那么他们的震动就会产生相互作用，这种相互作用被称为单摆耦合。如果再加上一根弹簧连上第三根单摆，他们的震动和相互作用又会发生新的变化。同理，在企业财务风险传导过程中，由于企业各财务节点之间存在着功能关系和利益关联关系，加上不同风险性质的匹配关系，从而导致各财务风险子系统会在传导过程中相互影响、相互作用，最终改变着传导过程中财务风险的风险流量和风险性质。这种现象被称为财务风险传导中的耦合效应。耦合因为作用的形式不同，在财务风险的传导过程中呈现出的耦合形态也会不同，从而对财务风险在企业的传导产生不同的影响。企业财务功能节点间的关联度和财务风险性质间的匹配度，是决定财务风险传导效应不同形态的两个重要因素。

综上所述，在研究企业财务风险传导这个经济系统运行机理的过程中，如果把企业财务风险视作是一个由许多财务风险子系统组合而成的复杂财务风险系统，则某一时刻整个企业财务风险传导系统的风险状态取决于系统中各财务风险子系统的存在方式和耦合程度。

假设一个企业在生产经营过程中面临着各种财务风险，可以用方差来描述企业所存在的财务风险状态：

$$\delta^2 = \sum_n^i \sum_n^j k_i k_j \delta_i \delta_j \rho_{ij} \quad (0 < k < 1) \tag{2-5}$$

式中：δ^2——企业所面临的财务风险状态；

δ_i——财务风险子系统 i 的风险状态值；

δ_j——财务风险子系统 j 的风险状态值；

k_i——财务风险系统 i 在整个风险子系统组合集中的权重；

k_j——财务风险系统 j 在整个风险子系统组合集中的权重；

ρ_{ij}——财务风险子系统 i 和子系统 j 的相关程度。

相关系数 ρ_{ij} 反映了两个随机变量的相关程度，对企业的整体风险而言，相关系数反映了在企业财务风险传导过程中各种财务风险之间的相关程度和耦合程度，即各个财务风险子系统之间的相互作用力系数。它是由企业功能节点间的关联度和财务风险性质匹配度决定的。相关系数化的大小也决定了企业财务风险传导的速度、强度以及传导时间。

（2）财务风险传导耦合效应的实现机制。在企业财务风险传导过程中，由于财务关系网络中各节点企业或财务环节存在直接或间接的关系，相互产生影响，从而导致各节点在财务风险传导过程中相互影响、相互作用，最终使财务风险的性质和强度在传导过程中可能会发生改变。所以，根据财务风险传导的最终风险强度是否可以改变，可将财务风险传导耦合效应分为纯耦合效应、弱耦合效应和强耦合效应。

如果相关系数 $\rho_{ij} = 0$，说明两个子系统之间不相关，财务风险耦合程度几乎为零，此时风险子系统 i 与风险系统子系统 j 两者在传导过程中相互独立，互不影响，整体风险值不变。财务风险传导产生的是 $1+1=2$ 的效应，为纯耦合效应，企业财务风险流量和强度在传导过程中不会发生很大的变化，或者只在一个微小的区间波动。

如果相关系数 $\rho_{ij}>0$，说明两个子风险系统之间呈正相关，财务风险传导产生1+1>2的效应，为强耦合效应。此时风险子系统 i 与风险子系统 j 在传导过程中相互促进、相互叠加，耦合达到一定程度甚至有聚类突变产生新的财务风险的可能，由于受内外部因素的影响，财务风险的正耦合效应使得财务风险通过传导路径产生逐级放大效应。当耦合效应达到一定阈值时，财务风险的性质和强度就会发生质的变化。

如果相关系数 $\rho_{ij}<0$，说明两份子系统风险之间呈负相关，风险耦合程度低，此时风险子系统，与风险子系统，在传导过程中互相阻断和减弱，财务风险传导产生的是1+1<2的效应，为弱耦合效应，耦合后的企业整体财务风险状态小于耦合前企业整体财务风险状态。在财务风险传导过程中，如果及早发现财务风险可能发生传导，积极采取相应措施，切断财务风险传导的路径，财务风险的强度就会逐渐减弱，呈现财务风险传导的弱耦合效应。

二、企业财务风险传导的模型构建

（一）企业财务风险传导的仿真建模步骤

系统动力学模型是对真实系统简化的结果，任何模型都不是完全正确的。但只要模型能在既定的条件约束下有效接近真实系统，完成既定条件下的目标，就可以说由此构建的模型是有效的。系统动力学可以将真实财务风险传导系统的结构用动态的试验模型表示出来，并进行仿真运行，得到的仿真结果可以作为参考反馈信息来指导对所建模型的修正并改进，或重新调整要素关系，进一步改善模型和要素关系，直到所构建的模型更接近财务风险传导实际情况并满足要求。这个循环过程就是系统动力学的建模步骤。

一个完整的系统动力学模型，应该包含的元素有：系统变量（含常量、流率变量、水平变量、辅助变量等）、因果关系图（含因果关系、因果键、反馈环）、系统方程式、系统动力学流图。

对于基于系统动力学的企业财务风险传导仿真的建模步骤可分为以下五个步骤：

第一，明确建模的目的。明确建模要研究的问题和要解决的问题。财务风险传导模型要研究的问题是探索财务风险的传导路径，要解决的问题是通过所构建的模型采取控制财务风险传导的措施。

第二，系统边界的界定。确定研究问题的范围，在财务风险传导系统应当包括影响系统运行的所有重大因素，包括影响系统运行的外部环境和内部因素。影响企业财务风险传导的外部环境主要包括资本市场、原材料市场以及产品市场。影响企业财务风险传导的内部因素包括筹资活动、投资活动、经营活动、利润分配活动和现金净流量流转。

第三，系统结构分析。系统结构分析是研究系统与其组成部分之间相互关系的过程。它涉及对系统的反馈机制和层次结构进行分析，最终绘制出系统中各变量之间的因果关系和反馈回路，形成因果关系图。这些因果关系和反馈回路图用于对系统问题进行定性描述，为后续建模仿真提供基础。同时，它还包括确定研究系统问题所涉及的主要相关变量，以及确定各变量之间因果关系和反馈回路结构。企业财务风险传导模型的内部主要分析了筹资活动现金流转、投资活动现金流转、经营活动现金流转和现金净流量流转之间的因果关系图与反馈回路，同时也考虑了各子系统之间的因果关系图和反馈回路。

第四，系统动力学模型建立。运用系统动力学语言对因果关系图进行流位流率图的转化，建立相应的系统动力学方程。此外，还需要利用趋势外推法、线性回归法和参数估计法等确定模型的参数值，建立系统动力学流图。系统动力学流图是根据因果关系反馈而成的，包括系统动力学详细流程图的构建及系统结构的数学或逻辑关系的确定。

第五，模型应用。对所构建的模型仿真模拟，并通过单位一致性、模型有效性、历史性来检验模型的真实性与有效性。通过对结果的分析，可以发现模型的缺陷与不足，确定是否对模型进行必要的修正。然后将修正后的模型应用于实际，根据仿真测试结果提出对策建议。企业财务风险传导仿真模型的检验和应用的数据主要来源于企业财务报表以及调研所得。

（二）企业财务风险传导子系统的因果关系

1. 投资活动风险传导路径

企业投资活动按投资方向和范围可分为对内投资和对外投资，对内投资是指把资金投放在企业内部，购置各种生产经营用资产的投资。对外投资是指企业以现金、实物、无形资产等方式或以购买债券、股票等有价证券方式向其他单位投资。投资子系统的主要因素有长期投资、短期投资、投资收益、固定资产投资、无形资产投资、销售收入和利润。

在投资活动风险传导路径中，风险源是外部市场环境和投资收益率，关键要素是新增固定资产和对外投资，风险结果是利润下降。

（1）产品市场占有率不高→固定资产工作量不饱和→固定资产闲置→管理成本高。固定资产在企业总资产总额中一般占有较大的比例，特别是制造行业，固定资产是企业生产经营活动不可或缺的重要物质保证。当企业新增固定资产增加后，如果企业能保持较佳的盈利水平，则能使企业利润不因固定资产折旧的增加而下降。但是如果市场环境、技术保障等方面发生重大不利变化，新增固定资产由于闲置等原因未能实现预期收益，则企业存在因为固定资产折旧大量增加而导致利润下滑的风险。

（2）投资收益率下降→投资收益下降→利润减少→现金减少。投资收益率反映企业对外投资的收益能力，当该比率明显低于公司的净资产收益率时，说明其对外投资是失败的，应改善对外投资结构和投资项目当公司的投资收益率下降时，投资收益会随之下降，同时利润会减少，现金也会减少，加大了企业整体财务风险。例如企业买入债券，其价格受银行存款利息的影响，当银行存款利息上升时，投资者就会将资金存入银行，债券价格会随之下跌，投资者的投资收益率和利润都会下降。

2. 筹资活动风险传导路径

筹资活动是指导致企业资本及债务和结构发生变化的活动。资本包括实收资本，债务指对外举债，包括向银行借款、发行债券以及偿还债务。企业筹资活动子系统的主要因素包括吸收投资、长期借款、短期借款、借款利息、支付股利、融资政策及现金等。

企业的短期负债所占总负债的比重对企业的影响不可小觑。如果公司使用了较多的短期资金，流动负债比重较高，在一定程度上会使企业还债的资金成本下降，有利于盈利水平的提高，但企业可能将短期借款进行固定资产投资，由于固定资产回收期长，而流动负债要求较短的偿还期限，在这种情况下，企业可能会产生无法按时还本付息的财务风险，严重时还会濒临破产。

企业筹资子系统的主要因素包括：长期借款、短期借款、借款利息、资本结构、资本成本率、资产负债率等。

筹资活动财务风险传导路径如下：

（1）借入资金效益不高→经营现金不足→短期借款增加→利息增加→企业不能按期还本付息。过度依赖贷款、较大幅度增加贷款只能说明企业资金周转失调或盈利能力低下。由于借入资金严格规定了借款人的还款方式、还款期限和还本付息金额，如果借入资金产生的效益不理想，导致企业的经营现金不足，企业为了维持正常的生产经营，只能向银行申请更多的短期借款，如果企业继续经营不善，营业利润不足以支付利息费用，则不仅股东收益化为泡影，还要用股本支付利息，严重时甚至丧失偿债能力，被迫宣告破产。另外，企业尤其是中小企业，比较喜欢"借短用长"。在正常情况下，大量借入短期借款并滚动续借长期使用的模式毫无问题，但一旦遇到金融危机，或者企业突然发生经营危机，银行不愿意继续借用，企业的资金链条就会突然中断，面临倒闭风险。金融危机期间，我国很多中小企业就因为借不到短期借款而倒闭。

（2）资金使用效果低→投资者的投资报酬率降低→企业股票价格下跌→资金成本上

升。所有者投资属于企业的自有资金，不存在还本付息问题，风险在于其使用效益的不确定。股息上升会给投资者以公司有好的前景的印象，股息下降会给投资者造成公司无力支付股息的印象，因此，股息与股价的涨跌方向大致是一致的。正是由于资金使用效果的不确定，使得投资者投资这一筹资方式具有一定的风险性。具体表现在如果企业资金使用效果低下，无法满足投资者的投资报酬期望，进而引起企业股票价格下跌，加大了筹资难度，使企业资金成本上升。

(3) 利率上升→短期借款利率上升→利息费用增加→利润下降。企业负债经营受金融市场的影响，如负债利息率的高低就取决于取得借款时金融市场的资金供求情况，而金融市场的波动会导致企业产生筹资风险。当企业的筹资方式主要为短期借款方式时，如果遇到金融市场紧缩、银根抽紧，短期借款利率会大幅上升，导致利息费用增加、利润下降，情况严重时，有的企业甚至由于无法支付高涨的利息费用而破产清算。

3. 经营活动风险传导路径

(1) 销售与收款子系统。销售与收款子系统是经营活动现金流量分析的重要组成部分，是企业实现现金流入的主要体现形式，也是受市场波动影响最大的部分，销售与收款子系统主要因素有销售量、销售收入、应收账款、收款政策和现金。

销售与收款财务风险传导路径如下：

第一，收款周期延长→客户数量增加→销售量上升→销售收入增加→应收账款增加→坏账损失和收账费用增大→利润和现金减少。较长的收账周期会吸收掉很多的现金，当企业的现金余额由于客户的延迟付款而逐渐减少时，较长的收账期就会成为企业严重的财务问题。近年来由于商业银行对贷款的发放更加谨慎，企业越来越难从商业银行获取资金，为了解决资金短缺问题，企业只好求助于合作企业，因此有合作关系的企业间的相互赊欠越来越多。企业为了获得更多的市场占有率，只能延长收款周期，这样愿意购买企业产品的客户数量会增加，产品的销售量会获得一定数量的上升，企业的销售收入增加，但同时企业的应收账款也增加了，随之发生坏账损失的可能性越来越大，收账费用和坏账金额增加，导致企业资金周转困难，若应收账款无法收回，还要使企业蒙受损失，构成了企业销售与收款子系统财务风险传导路径。

第二，市场需求量降低→产品销售量下降→销售收入减少→利润下降。大多数人往往将产品销售量的下降仅看作销售问题，会用调整产品品种或调整价格来解释，而不考虑财务问题。事实上，产品销售量的下降可能会给企业带来严重的财务风险。由于受行业竞争日益激烈或市场整体需求减小等外部因素的影响，导致企业生产的产品销售量下降，销售收入和利润随之下降。

（2）采购与付款子系统。采购与付款子系统是对企业经营活动现金流量进行因果分析的组成部分。其主要关注点在于从应付账款的角度对企业经营活动中的现金流进行分析。该子系统以现金流出为主要研究对象，具体体现在应付账款方面，包括采购量、采购价格、采购金额、应付账款、采购策略、付款政策以及与供应商的合作关系等。若企业在日常运营中高度重视与供应商的合作关系，并与其建立战略联盟，将能够采取更加灵活的采购政策。这种合作关系的加强将为企业带来积极的影响。

企业采购与付款活动主要是与供应商之间展开的关于原材料单价、付款期的博弈。企业采购与付款财务风险传导路径如下：

第一，原材料采购量增加→原材料采购金额增加→现金流出增加→现金减少。作为流动资产中的重要项目，存货占用了企业大部分的流动资金，原材料作为存货的主要构成之一，是企业财务风险控制的重要对象。原材料的缺乏将导致企业无法进行正常的生产经营活动，但存货过多又会占用大量的资金，使企业承担高额的资金成本，并会相应增加存货的储存成本和管理成本，从而导致成本上升、利润空间缩小。

第二，原材料单价上涨→原材料采购金额增加→现金流出增加→现金减少。近年来各种原材料价格不断上涨，使企业背上的成本越来越重。虽然原材料价格上涨造成企业生产成本在加大，但是企业不可能通过直接提升产品价格来保证一定的利润，因为消费者并不打算为此买单。对于根基雄厚的大企业，还能承受得住原材料价格上涨带来的压力，但对于更多原本利益就不高的中小企业，原材料上涨无疑是雪上加霜。当原材料价格上升时，企业采购原材料的金额会增加，随之现金流出增加，现金减少，给企业带来营运资金不足的风险。

（3）经营现金不足→现购比率降低→应付账款增加。这是一条企业主动传导财务风险的路径，也就是企业通过转嫁降低自身的财务风险。当企业采购的原材料单价上涨或销售收入不理想时，出现经营现金不足的状况，此时企业为了保证经营活动有足够的现金，会与供应商谈判尽量延长应付账款的支付时间，将一部分风险转嫁给供应商。

4. 利润分配活动风险传导路径

（1）净利润不足→留存收益不足→股息减少→股价降低→投入股本减少→筹资成本升高。当企业净利润不足时，此时留存收益随之不足，企业为了降低财务风险，采取低股利支付政策，投资者没有得到应有的收益，可能导致股价下跌，投资者投入股本减少，企业不得不加大借款力度，筹资成本升高。

（2）现金不足→现金与留存收益比率降低→股利支付率下降→股息减少→股价降低→投入股本减少→筹资成本升高。当企业净利润较可观，但存在大量应收账款难以及时收回时，此时虽然账面利润较高，但存在现金不足的问题，为了缓解现金不足问题，企业采取低股利支付政策，导致投资者对企业投资的信心减少，甚至会出现股价下跌，投资者投入股本减少的情况，此时企业不得不通过向银行借款的方式筹资，从而增大了筹资成本。

（三）企业财务风险传导系统的模型构建

1. 以应收账款为风险源

（1）赊销增多→应收账款增多→经营净流量减少→现金存量减少→加大无法按时偿还本息的筹资风险。这是一条经营活动风险传导至筹资环节的风险传导路径。当企业为了抢占市场、扩大销售时，采取更多赊销额度的销售来吸引客户，扩大其市场份额。

此时企业产生了较高的账面利润，但忽视了大量被客户拖欠而不能及时收回的流动资金。伴随着坏账的增多，企业经营净流量减少，现金存量减少。在正常的生产经营情况下，企业当期取得的现金收入，首先应满足生产经营活动的一些基本支出，如购买货物和劳务的支出，缴纳税金等支出，然后才能满足偿还债务的现金支出，包括偿还债务的本息，因此，分析企业的偿债能力，首先应看企业当期取得的现金收入，在满足了经营活动的基本现金支出后，是否有足够现金偿还到期债务的本，因而当企业现金存量减少时，加大了不能按时还本付息的筹资风险。

（2）赊销增多→应收账款增多→经营净流量减少现金存量减少→放弃好的投资项目→销售额降低。这是一条经营活动风险传导至投资环节的风险传导路径。企业通过赊销不断扩大销售，随着销售的增加，应收账款不断膨胀，应收账款的增加直接影响到企业的现金流量。企业的投资活动是销售额增长的主要推动力量，投资行为的发生需考虑企业当前的现金存量，当现金存量与投资所需资金相差过多时，基于财务风险的考虑，即使遇到好的投资项目，企业也会选择放弃。

（3）赊销增多→应收账款增多→经营净流量减少→现金存量减少→应付账款增加。随着现金流量的减少，直接影响到企业的支付能力。企业占用供应商资金不是在任何情况下都有利的，只有当企业的应收账款周转期和存货周转期之和小于应付账款周转期时，企业占用供应商的资金才有利于企业提高资金的使用效率，以应对赊销对企业应收账款周转的影响，将部分风险转移给供应商。但企业应将应付账款的风险控制在可承受范围内，否则，过多地占用供应商资金将降低企业整体资金使用效率，应付账款融资不仅不能提高企业的收益水平，而且将加大企业的应付账款风险。

（4）赊销增多→应收账款增多→坏账增多→主营业务利润减少。正常情况下，主营业务利润是企业的主要利润来源，应收账款直接影响的是主营业务利润。主营业务利润是公认的评价企业经营业绩的核心指标。如果主营业务利润大，则说明企业主业突出，经营业绩好。大量的应收账款会使主营业务利润存在潜在损失的风险，如果客户无力偿还债务给企业带来坏账，企业即使拥有再好的账面利润也只是一种假象。在企业的财务安全价值体系里，有一项财务指标和业绩密不可分，这项指标便是应收账款的坏账计提准备，应收账款一般以"欠条"的形式存在，为了安全起见，企业必须为其做坏账计提，因此利润被侵蚀。

（5）赊销增多→应收账款增多→利润虚增→投资者决策失误。利润的计算公式是"利润=收入-费用"，这里的收入主要是指形成应收账款的主营业务收入。应收账款的产生意味着企业主营业务收入没有形成现金流入，因此在应收账款收回之前，企业实现的利润只是账面利润，而不是现实的利润。如果投资者只看到企业利润表上亮丽的利润数据，而不对其作深入剖析，被报表上华丽的数字所迷惑，就不可能正确全面地分析企业的经营状况。如果投资者仅凭表面账务数据作投资决策，就极可能陷入盲目投资的境地，因决策失误给自身带来损失。

2. 以投资失误为风险源

（1）投资失误→无法取得投资回报→加大偿债风险。企业投资活动的现金流入的来源主要是来自负债融资，因此，当企业投资失误，投资活动的现金流出得不到回报时，企业偿还债务所需的资金来源失去了保障，从而加大了偿债风险。

（2）投资决策失误→投资项目资金需求增加→挪用运营资金→加大主营业务风险。企业投资决策出现失误，投资项目资金需求量超过原计划，使得企业不得不继续追加投资，因而存在挪用营运资金的现象，维持企业正常生产经营活动的资金被挪用，必将对主营业务的进行产生不利影响，由于投资决策失误产生的风险传导至主营业务环节，加大主营业务风险。

3. 以销售量下降为风险源

（1）销售量下降→存货增加→现金周转速度减慢→经营活动现金流量不足。由于企业产品销售不畅，导致产品积压，存货增加，存货增加会导致企业现金周转速度有所减慢，对营运资金的需求量将增加。如果企业此时没有足够的现金储备或借款额度，原有的营运资金就无法满足企业正常生产经营活动的需要，出现经营活动现金流量不足的问题。

（2）销售量下降→存货增加→营运资金不足→增加短期借款→加大偿债风险。在企业日常生产经营活动中，由于销售量下降产生存货增加、营运资金不足的问题，某些企业采用向银行申请短期借款等方式弥补营运资金缺口，造成企业流动负债大幅增加，偿债能力明显下降,加大了企业不能按期还本付息的风险。

(3) 销售量下降→销售收入下降→营业利润下降。由于外部市场环境整体恶化或企业促销力度不够等因素造成产品销售量下降,企业销售收入随之下降,销售收入是营业利润的主要来源,因此,营业利润也会随之下降。

4. 以利率上升为风险源

利率上升→短期借款利率上升→利息费用增加→利润下降、现金存量减少。企业负债经营受金融市场的影响,如负债利息率的高低就取决于取得借款时金融市场的资金供求情况,而金融市场的波动会导致企业产生筹资风险。当企业的筹资方式主要为短期借款方式时,如果遇到金融市场紧缩、银根抽紧,短期借款利率会大幅上升,导致利息费用增加,利润下降,情况严重时,有的企业甚至由于无法支付高涨的利息费用而破产清算。

5. 以原材料价格上涨为风险源

(1) 原材料价格上涨→产品生产成本增加→利润减少。在目前大部分产品处于供大于求的买房格局形势下,原材料生产成本的增加并非意味着价格随之上扬,并非所有原材料价格上涨都可以通过产业链条传导至最终消费品的价格上。近年来,受产品生产成本的增加以及价格下跌的双重压力的影响,众多制造型企业的利润大幅下跌。

(2) 原材料单价上涨→原材料采购金额增加→经营活动现金流出增加→经营活动现金流量不足。很多企业经营性现金流大幅下滑的重要原因是原材料成本支出的扩大。在紧缩政策的影响下,企业贷款难度逐渐增加,而原材料价格的不断上涨,导致大量现金涌向生产链的上游,企业出现经营活动现金流量不足的现象。

三、企业财务风险传导的评价与管控

(一) 企业财务风险传导的评价方法

企业的财务关系网络是通过利益作为纽带相互链接的,而财务风险则通过这个利益链来传导,并在企业中传播。财务风险传导的要素通常包括风险源、风险事件、风险阈值、传导路径、传导载体以及传导的风险结果。风险源是企业财务风险传导的起始点,风险源的风险状态大小直接影响了财务风险传导的持续时间、强度和频率。

综合评价法,也被称为多变量综合评价方法,是一种通过运用多个指标对被评价对象进行综合评价的方法。其基本思想是将多个指标综合考虑,转化为一个能够反映被评价对象综合情况的指标。在风险综合评价中,考虑到各种风险因素对企业整体的影响,综合衡量所有风险因素对企业战略目标的实现程度。

常规的综合评价方法如总分评定法、指数法、功效系数法、最优值距离法以及排队计分法等，这些方法各自有自己的适用范围和对象，共同的特点是简单、稳定、直观，共同的缺点是不能评价具有复杂特点的对象，特别是当评价对象具有模糊性、随机性特点时，其评价效果就会失之偏颇。针对传统综合评价方法，现代应用较为广泛的综合评价方法主要有主成分分析法、数据包络分析法、模糊综合评价法等。

企业财务风险主要由将来的不确定性引起，包括外部的不确定性以及内部的不确定性引起，财务风险传导的结果很难用数字精确描述，即企业财务风险传导具有随机性和模糊性，导致财务风险传导所有影响因子风险存在的状态也具有随机性和模糊性，因此，采用模糊综合评价方法进行财务风险传导的综合评价，可以更准确地反映财务风险传导影响因子风险状态的本质和整体发展变化的特性。

（二）企业财务风险传导的管控策略

1. 加强财务风险源的管控

（1）筹资风险源的管控

第一，认真分析筹资活动中的宏观环境。企业在筹资活动中受宏观环境的影响极大，因此，为了预防筹资风险，企业应对宏观环境进行仔细的研究分析，把握变化趋势及规律，适时调整财务管理政策，以适应外部宏观环境的变化，由此降低因外部环境变化给企业带来的筹资风险。

防范企业因利率波动而带来的筹资风险是至关重要的。尽管企业无法直接干预国家的宏观经济政策，但可以及时作出积极应对。在金融利率波动频繁的情况下，企业在向银行贷款时应认真研究资金市场的供求状况和国家政策，并把握利率走势，做出相应的筹资安排。

在高利率时期，企业应该尽量减少筹资，或者仅筹措急需的短期资金；而在低利率时期，筹资将更加有利可图。当利率从高水平逐渐过渡到低水平时，应采取谨慎态度，尽量减少筹资。对于必须筹措的资金，可以考虑采用浮动利息的计息方式，以便灵活应对变化。而当利率从低水平逐渐过渡到高水平时，应考虑采取固定利率的计息方式，以确保资金成本保持较低水平。

防范汇率变动给企业带来的筹资风险。企业面向国际资本市场筹资，不免会遇到汇率变动的问题。企业在面临汇率变动带来的筹资风险时，可以采取的措施有：①根据货币供求状况的变化找出汇率变动的内在趋势，并由此制定相应的外汇管理体制；②在预测汇率变动的同时，还应采取具体措施来防范汇率变动带来的筹资风险，包括合理安排债务的币种结构，不要将债务集中于某一种外币，合理安排借债和还债的时间等。

第二，合理确定财务结构经营风险。在企业筹资管理活动中，合理确定一定时期的筹资额是一项重要内容。企业一方面要筹集到足够的资金以满足生产经营的需要；另一方面还要注意筹集的资金不能过多，以免产生闲置资金，降低资金利用效率的同时又增加了企业的债务负担。因此，企业在确定债务比例时，要权衡举债经营可能会带来的财务风险，还要考虑债务清偿能力，尽量做到资金的筹资量与需要量之间的平衡。

第三，选择适当的筹资时机。能否把握筹资时机，不仅会影响筹资的成本，而且还关系到筹资的风险。企业在选择筹资时机时，要考虑到企业自身的财务状况、企业的股票行市以及企业未来的现金流量。

第四，拓宽筹资渠道。我国大多数企业的筹资渠道单一，多是以银行贷款的间接金融为主，要想降低筹资风险，企业需要形成多形式、多渠道的筹资格局，发展直接金融的企业债券市场。

(2) 投资风险源的管控

第一，加强投资项目的预测决策水平。企业应建立科学的投资决策机制，运用正确的投资决策方法进行决策。在投资决策过程中，应深入实际，积极搜集相关资料，尽量掌握准确的投资信息，并对投资项目的技术可行性、经济合理性进行严密的科学论证。为了提高财务决策的科学化水平，应充分考虑影响投资决策的各种因素，尽量采用定量与定性相结合的分析方法，并运用科学的决策模型进行决策，从各种可行方案中选择最优方案。

第二，通过控制投资期限、投资品种来降低投资风险。企业在进行证券投资时，应采取财务分散投资的策略，选择若干种股票组成投资组合，以降低投资风险。

第三，加强对投资项目的论证。对新的投资项目：①要进行充分的可行性论证。对投资的领域、行业以及投资时间、方式，都要进行充分的可行性论证，同时还要结合该项目的发展前景、投资成本、投资回收期、投资报酬率等方面进行综合考虑，以避免投资风险；②投资规模要适度，资金投向要合理配置，不能盲目扩大投资规模。

(3) 营运资金风险源的管控

第一，对应收账款加强管理。深入调查客户的资信情况，建立严格的赊销审批制度。企业应对客户的资信情况进行深入的调查，搜集大量相关资料，并综合运用定性分析法和定量分析法对资料进行仔细研究，以确定对哪些客户可以实施赊销的销售方式，将客户的资信情况分为不同级别，给予赊销的额度与企业的资信级别挂钩，以此来防范因应收账款收不回来而发生坏账损失。同时，企业还可以制定应收账款的回收与销售人员的经济利益相挂钩的制度，使各销售人员负责自己所实现的销售额，以此将应收账款回收的任务落实到个人，防止销售人员为完成销售任务而大量赊销产品。

第二，加强对存货的管理。一方面，计提存货跌价准备。由于市场竞争日趋激烈，供求关系不断变化，企业的存货风险也随之增加。因此，企业应对存货的进出和库存进行日常核算，及时核算由生产部门送交的领料单、采购部门送交的收料单以及销售部门送交的领货单，登记存货总账与明细分类账，定期将账本与仓库进行核对。同时，为了保证企业正常生产经营活动的进行，企业财务管理还要定期检查存货的账面价值，以便及时了解由于存货跌价所造成的损失。在资产负债表中，如果存货的可变现净值低于其账面价值，则需要按照其可变现净值与账面价值之间的差额来计提存货的跌价准备，并将其计入资产减值损失，以防止存货风险影响企业的正常运营。另一方面，企业还可以运用 ERP 等先进的管理模式来加强对存货的管理。通过 ERP 系统对企业的人、财、物、供、产、销等方面进行高效管理与控制。企业还可以引进"即时生产"的生产模式来对存货进行管理，所谓即时生产，是一种追求零库存或者库存量很小的生产模式，其核心思想是通过减少库存、降低成本来减少库存风险，最终达到增加企业利润的目的。

第三，重视现金预算管理。现金预算管理着重于规划和控制企业生产经营活动，保障企业经营目标的实现。企业应通过对未来现金流量的预测情况对投资规模、负债比重等因素进行控制，并对未来重大项目的投融资、大额债务的偿还做好规划。日常现金流预算立足于未来现金流情况，通过对日常现金流的安排，防止企业资金链的断裂，保障企业生产经营活动正常进行。

第四，协调各职能部门，强化经营中的现金流管理。企业应实现企业财务部门与其他部门的有机衔接，其他非财务部门应协助财务部门对现金流进行管理。企业采购、生产经营和销售等部门在进行其供应、生产和销售等活动的同时，也应及时与财务部门进行沟通，辅助财务部门对资金周转和现金流进行管理。现金流管理是指在保证现金能满足企业日常生产经营活动需要的前提下，又不出现闲置现金，关键是要确定最佳现金余额。

(4) 收益分配风险源的管控

收益分配风险，既源于外部环境变化的不确定性，又源于财务管理人员主观认识的局限性，因而是不可避免的。但企业可以根据产生收益分配风险的原因，采取特定的措施，对其实施有效控制。

第一，改进会计方法，提升会计反映企业真实财务状况的能力。企业会计记账方式使用不当是造成企业收益过度分配的一个重要原因，因此，企业在使用传统的会计记账方法时，应尽量选择能真实反映企业客观收益状况的会计处理方法，例如运用通货膨胀会计学等会计学界的最新方法。

第二，准确编制外部筹资预算和投资预算。准确预测企业外部筹资可获得资金的数额及其筹资难度，未来投资活动所需的资金及金额，是正确编制企业收益分配预算的前提条件。依据外部筹资预算和投资预算编制企业收益分配预算时，要注意编制的弹性以及外部环境可能发生的变化。

第三，注意收益分配活动对其他财务活动的影响。在资本市场环境中，收益分配的时间、方式和数额往往向投资者传递着某种信息，影响企业未来的筹资活动。因此，企业在确定收益分配政策时，不仅要考虑收益分配自身的因素，还要考虑到收益分配政策向投资者传递的信号以及投资者可能做出的反应，因为这会影响到企业未来的筹资活动。

第四，与股东和员工等相关利益者进行沟通协调。收益分配风险产生的一个重要原因是不能很好地处理财务关系。当企业不能有效地处理财务关系时，可能会引起股东的不满，进而造成企业未来向股东筹资困难。因此，企业在确定收益分配政策时，应积极主动地与股东沟通协调。

2. 提高财务风险阈值管控

财务风险流最初蕴含在风险源中，只有当外界环境和内部系统的不断变化，导致风险的聚集量超过企业的财务风险承受限度即财务风险阈值时，财务风险流才开始从风险源迸发释放进而对企业产生影响。因此，提高企业的财务风险阈值水平是延缓和控制风险流迸发释放的一种操作性较强的策略。

（1）提高企业财务风险管理柔性。企业财务风险管理柔性，指企业快速而经济地应对财务活动中由外部环境和内部系统变化所引起的不确定性的能力，这种能力由低级到高级包括缓冲能力、适应能力和创新能力三个方面。

第一，缓冲能力。缓冲能力是企业抵御各种财务风险的一种手段，是一种以不变应万变的能力。企业财务系统之所以具有缓冲能力，是因为财务系统储备了缓冲变化的各种资源，包括人力资源、资金资源以及实物资源等。例如企业可以建立偿债资金，在货币资金存量不足以偿债时，可在一定时期以前逐期积累一笔偿债基金，用以保障到期按时还本付息，这样既保障了债务的清偿又不至于影响企业的正常生产经营活动，这是典型的资金缓冲。同时，为了预防汇率变化给企业带来财务风险也可以建立外汇偿债基金。为了满足连续的生产经营，保证足够的生产资金，企业还可以在经济订货批量的基础上，考虑置存保险储备量，这是典型的实物缓冲。

第二，适应能力。适应能力是指当财务风险开始对企业产生影响时，企业在不改变其基本特征的前提下，做出相应的调整，这是一种以变应变的能力，是企业财务风险管理的有效手段。以变应变的适应能力是企业控制财务风险传导的一种必要手段，在企业不能改变环境的情况下，只能加强其适应能力，才可以根据环境变动调整其财务行为和财务决策，在可控范围内组织财务风险传导的发生。

企业应对财务风险的适应能力主要包括两个方面：一是调整财务策略，即把财务策略看成一个随机变化的动态过程，企业的管理者根据外部环境和内部系统的变化，不断调整和修正财务策略，使之尽量与变化相一致，使得财务策略同样具有动态性；二是财务策略组合，即企业根据不同的实际情况设计出不同的财务策略方案，形成一个备选方案组合，一旦出现财务风险，可以立即选用相应的方案去应对。从企业财务活动的主动性来看，加强企业财务活动的适应能力在本质上还是一种比较消极的应对措施。企业提高财务风险阈值不仅要能被动地适应变化，同时更应具有主动的创新能力。

第三，创新能力。创新能力是企业采用新行为、新举措，影响外部环境、改变内部系统的能力，以达到控制财务风险传导的目的。创新能力的出发点是求变，是一种积极主动地处理不确定性的方法，是企业长期发展的保证。企业应对财务风险进行有效预测，在财务风险发生之前就能意识到财务风险的类型及影响程度，在此基础上，企业可以主动采取措施来影响或改变财务风险传导的路径或方向，使之朝着有利于自己的方向发展。提高企业风险管理的创新能力不仅能够使企业积极应对当下的财务风险传导，还可以使企业在较长的时间内防止财务风险传导的发生。

（2）避免降低企业财务风险阈值的事件发生。企业治理结构不规范以及财务活动的监督机制不完善都可能降低财务风险阈值。因此，企业应加强规范企业的治理结构以及完善财务活动的监督机制。

第一，规范企业的治理结构。一方面，应建立明晰的产权结构，只有权责明确，企业的生产经营活动才能顺利进行；另一方面，应完善董事会对企业经营者的监督机制，在实施委托代理制度的企业中，"内部人"控制的根本原因是企业经营者的逆向选择和信息不对称因素，因此，董事会应对经营者建立起严格的监督机制，包括委托监督机制以及委托责任目标的考核制度等。通过以上机制和系统的建立，董事会可以对企业的经营者进行及时的追踪和控制，如果发现经营者的行为可能给企业带来风险时，应责令企业的经营者及时纠正不规范行为。另外，由于委托方与代理方之间一般存在着信息不对称和利益冲突的现象，使得代理人可能做出损害委托人利益的行为，在这种情况下，委托人应该重新调整委托代理关系才能维护自身的权益。

第二，完善企业财务活动的监督机制。企业财务监督机制应该是全方位的，既要保护投资者的利益，又要保证企业利润的实现；既要从企业内部进行监督，又要从企业外部进行监督。对企业财务活动的监督应包括管理行业化、审计专业化和管理民主化三个方面。对企业财务活动从开始策划到实际运作的全过程进行全方位的监督，企业使股东会议和职工代表大会真正在企业管理中发挥作用。从企业财务活动开始策划到实际运作直至资金的运用进行全方位的监督，企业内部的管理实现民主化，使股东会议和职工代表大会真正在企业管理中发挥作用。在企业财务活动过程中，银行、证监会、工商行政等部门不仅要为企业创造便利条件，方便快捷地办理各种审批手续，同时也要对企业的资信状况和发展前景作出科学的评价。

第三节 企业财务管理的财务分析与财务评价

一、企业财务分析的内容与方法

（一）企业财务分析的内容体系

1. 资产负债表分析

（1）资产负债表分析的目的与作用

第一，反映企业拥有或控制的经济资源及其分布情况。资产负债表左方提供了企业所拥有或控制的经济资源总量。资产配置的合理程度反映在资产及各类资产内部各项目的分布和占资产总额的比重上。财务报表使用者根据资产负债表，可以了解和分析企业所掌握的经济资源及其分布与结构的合理性。

第二，反映企业财务实力、变现能力和支付能力。负债既然要用资产或劳务偿还，资产与负债之间就应当有一个合理的比例关系。企业到期的负债，需要以流动资产清偿，财务报表使用者可以借此了解企业的财务实力、变现能力和支付能力。

第三，反映企业的资金来源和构成情况。资产负债表右方提供了企业资金来源，即权益总额及其构成。企业不同资金来源的构成及其比例，或者说企业负债和所有者权益的构成及其比例，就是企业的资本结构。财务报表使用者根据资产负债表，可以了解企业资本结构及其变动，分析企业偿债能力及财务风险。

第四，反映企业未来的财务趋势。通过分析资产负债表，可以了解各资产、负债和所有者权益的变动情况，预测未来的发展趋势，为相关决策提供依据。

(2) 资产负债表的水平分析

第一，资产负债表水平分析的目的。资产负债表水平分析的目的之一，是通过了解企业财务状况变动情况，揭示企业资产、负债、所有者权益的增减变动差异，分析差异产生的原因及财务影响，为企业进行筹资、投资等相关决策提供相应的依据。

资产负债表水平分析的依据是资产负债表，通过采用水平分析法，将资产负债表的实际数与选定的标准进行比较，编制出资产负债表水平分析表，以此进行分析评价。

资产负债表水平分析要根据分析目的来选择比较的标准（基期），当分析目的在于揭示资产负债表的实际变动情况，分析产生实际差异的原因时，其比较的标准应选择资产负债表的上年实际数；当分析目的在于揭示资产负债表预算或计划执行情况，分析影响资产负债表预算或计划执行情况的原因时，其比较标准应选择资产负债表的预算数或计划数。

第二，资产负债表水平分析的步骤与要点。进行资产负债表水平分析时，基本遵循"总—分—总"模式，一般分析步骤有三点：①进行资产负债表整体性分析。描述资产负债表年末资产、负债、所有者权益的增减变动额及增减变动率，分析资产、负债、所有者权益的整体变化；②从企业投资活动或资产角度，进行资产分析。描述企业总资产规模的增减变动额及增减变动率，以及流动资产、非流动资产的增减变动额及增减变动率。结合公司实际及行业特点，重点分析变动幅度比较大或对总资产变动影响较大的资产部分，推断各类资产变化的相关原因；③从企业筹资活动或权益角度，进行负债分析和所有者权益分析。描述企业负债、所有者权益的增减变动额及增减变动率。分项分析各类负债及各类所有者权益项目的增减变动额及增减变动率。结合公司实际及行业特点，重点分析变动幅度比较大或对权益变动影响较大的资产部分，推断各类负债及各类所有者权益项目变化的相关原因。

对资产负债表分析的总体趋势、主要因素、原因进行概括，评估相关财务影响。资产负债表的分析也应结合会计报表附注的相关内容，同时关注会计报表附注对数据变化的解释。相关数据之间应相互印证，数据之间应具有一定勾稽关系。

(3) 资产负债表的结构分析

资产负债表结构，反映资产负债表各项目的相互关系及各项目的比重。资产负债表结构分析的目的，就是通过计算资产负债表各项目占总资产或权益总额的比重，分析评价企业资产结构和资本结构的变动情况和合理程度。

资产负债表结构分析，主要包括两方面内容：企业资产结构的变动及合理性分析；企业资本结构的变动及合理性分析。

进行资产负债表结构分析，应关注本期结构比，同时也应关注结构比的变动值。一般而言，企业结构比的变动往往是将本期结构比与上期结构比进行横向比较。

资产负债表结构分析时基本遵循"总—分—总"模式。分析基本步骤及要点如下：

第一，企业总体性结构分析。通过数据分析，分别描述企业资产结构、资本结构的结构比及变动值，分析资产结构与资本结构之间的依存关系。企业资产结构受制于行业性质，不同行业性质也会影响企业筹资方式。资本结构受制于资产结构，但资本结构也会影响资产结构。分析评价不同结构可能产生的财务结构，以及对企业未来财务状况和经营可能的影响，总体评价企业资产负债表整体结构。

第二，企业资产的结构分析。通过数据分析，描述企业资产结构中本期比重较大的项目，以及与上期结构比相比较，结构比变动较大的项目。结合公司实际及行业特点，分析资产结构比变动的原因及合理性。一般从两个方面分析入手：①流动资产的结构比分析，主要分析流动资产占总体资产的比重，及当期结构比变动。重点分析流动资产中货币资金、存货、应收账款的结构比及其变动。流动资产结构比是否合理并无一个绝对标准，应考虑企业实际和行业特点，同时联系生产经营变化而进行。在其他资产比重保持不变的情况下，流动资产比重提高使生产经营额大幅提高，说明流动资产在资产总额中所占比重较合理。②固流结构分析。固流结构即固定资产与流动资产之间的比例关系。企业应合理配置资产，如果固定资产比重过大，企业可能存在闲置资产，或虚增资产，或固定资产效率低下等问题。合理的固流结构，有助于企业保持高效的生产能力。

第三，企业资本的结构分析。分别描述企业负债结构中本期比重较大的项目，以及与上期结构比相比较，结构比变动较大的项目；分别描述企业所有者权益结构中本期比重较大的项目，以及与上期结构比相比较，结构比变动较大的项目。结合公司实际及行业特点，分析负债结构比、所有者权益结构比变动的原因及合理性，可从两个方面入手：①负债结构分析。负债结构是企业负债筹资的结果，与负债规模、负债成本、债务偿还期限、财务风险、筹资政策、经济环境等因素有关。②所有者权益结构分析。所有者权益结构是企业所有者权益筹资的结果，与所有者权益规模、企业利润分配政策、企业控制权、股东权益资金成本、经济环境等因素有关。所有者权益结构分析中应关注结构比重较大的项目以及当期变动比重较大的项目。如企业净利润增加导致所有者权益规模变化，往往被视为企业盈利前景看好的迹象。而股本增加导致所有者权益规模变化，往往被视为企业实力增强或企业筹资策略调整。

2. 利润表分析

（1）利润表分析的目的与作用

利润表是反映企业在一定期间经营成果的会计报表，是企业对外提供的主要会计报表之一。利润表分析是以利润表和其他财务资料为依据和起点，采用专门方法，进行系统分析和评价的体系。通过利润表分析，可以了解企业总体收入、成本、费用以及利润总额、净利润等情况，掌握企业经营水平和盈利能力，发现企业经营管理中存在的问题，据以判断企业的发展潜力及发展趋势。因此，无论是企业股东、经营者还是债权人，都非常重视利润表分析。利润表分析的作用主要表现在以下三方面：

第一，可以分析判断企业的经营成果和盈利能力，评价企业经营业绩。如通过产品销售利润分析，可以了解产品销售利润的变动因素及影响程度；通过营业利润分析，可以了解企业经营业务的盈利能力及合理性。通过比较和分析同一企业不同时期、不同企业同一时期的收益状况，可以判断企业经营成果的优劣和盈利能力的高低。

第二，可以发现企业经营管理中存在的问题。如企业虽然收入较多，但利润较低，可能是成本费用管理及控制出现了问题等。通过利润分析，可以对问题进行深入剖析，为改进经营管理工作指明方向，有利于提高企业经营管理水平，促进利润持续健康增长。

第三，为投资者、债权人的投资和信贷决策提供正确信息。通过利润表分析，投资者可以了解企业的经营效果及发展潜力，判断企业的盈利能力，从而进行投资决策。对于债权人而言，关注企业盈利能力与关注企业偿债能力并不冲突，企业盈利能力会影响到偿债能力。如果企业盈利能力不强，则其资产的流动性和权益结构必然逐步恶化，最终将影响企业偿债能力，使企业陷入财务危机。因此，利润表分析的信息可以辅助投资者和债权人进行相关决策。

（2）利润表的水平分析

利润表水平分析，主要是对利润表主表利润额的增减变动及其合理性进行分析，从利润形成角度，反映利润额的变动情况及企业的经营效果，并推测企业在经营管理中可能存在的问题。

第一，利润表水平分析的目的。利润表水平分析，主要是运用水平分析法，对利润表利润额的增减变动及其合理性进行分析。利润表水平分析的目的，是通过分析利润额的形成及其变动，推测利润增减变动的原因，揭示企业经营效果及经营管理中可能存在的问题。利润表水平分析的主要形式是编制利润水平分析表。

第二，利润表水平分析的步骤。利润表水平分析时，可按照利润的形成过程，由下而上、向前追溯，抓住主要利润项目进行分析，分析基本步骤有四点：①净利润分析，重点分析净利润的变动额及变动率、主要影响因素及合理性；②利润总额分析，重点分析利润总额变动额及变动率、主要影响因素及合理性；③营业利润分析，重点分析营业利润变动额及变动率、主要影响因素及合理性；④总结，根据前面分析，总结净利润、利润总额、营业利润及营业收入的变化趋势及其合理性。

(3) 利润表的结构分析

第一，利润表结构分析的目的。利润表结构分析，主要是运用垂直分析法，对利润表中的利润构成及其变动合理性进行分析。利润表结构分析的目的是通过分析利润的不同层次及各项利润、成本费用与收入之间关系，判断并评价企业经营管理效果及不足。

利润表结构分析主要包括企业利润结构整体性分析和企业利润结构变动及其合理性分析两方面内容。进行利润表结构分析时，往往以营业收入为分母，通过计算利润表各项目在营业收入中的比重，分析说明利润的构成及变动合理性。

第二，利润表结构分析的步骤。利润表结构分析时，应关注本期利润结构比，同时也应关注利润结构比的变动值。一般而言，企业利润结构比的变动，往往是将本期利润结构比与上期利润结构比进行横向比较。分析基本步骤有两点：①利润结构整体性分析，主要分析营业利润、利润总额及净利润的结构比、结构比变动率及其合理性；②利润结构变动分析，主要分析利润结构比的变动幅度，利润表主要变动项目结构比，评价利润结构的稳定性及其合理性。

第三，利润的构成类型分析。一般而言，企业利润的形成主要经过四种形态：毛利；营业利润；利润总额；净利润，见表2-1。

表2-1 利润构成的不同类型[①]

	A				B			
毛利	盈利				亏损			
营业利润	盈利		亏损		盈利		亏损	
利润总额	盈利	亏损	盈利	亏损	盈利	亏损	盈利	亏损
净利润	盈利	亏损	盈利	亏损	盈利	亏损	盈利	亏损
类别编号	A1	A2	A3	A4	B1	B2	B3	B4

A1区间利润结构中，毛利为正数（盈利），营业利润为正数（盈利），利润总额与净利润均为正数（盈利）。说明企业商品经营盈利能力较强，取得了较好的投资收益，对期间费用等进行了有效控制，营业外损益较正常，企业整体盈利能力较强，为股东创造了较多收益，为企业下一阶段再生产进行了有效积累。这类利润结构评价为好。

A2区间利润结构中，毛利为正数（盈利），营业利润为正数（盈利），利润总额与净利润均为负数（亏损）。说明企业商品经营盈利能力较强，取得了较好的投资收益，对期

---

① 本图表引自桂玉娟. 财务分析 [M]. 上海：上海财经大学出版社，2017：87.

间费用等进行了有效控制，但由于当期经营业务外事项导致营业外支出较大，出现了暂时的亏损。这种亏损一般不会持续，对下期经营影响较小。这类利润结构评价为一般。

A3 区间利润结构中，毛利为正数（盈利），营业利润为负数（亏损），利润总额与净利润均为正数（盈利）。说明企业商品经营盈利能力虽然较强，但由于期间费用（如销售费用、管理费用等）过高，或者当期产生较大投资损失等导致营业亏损。企业当期经营外事项导致营业外收入弥补并超过了上述亏损，因此，企业仍处于盈利状态。但企业对此种利润结构应予以关注，想办法降低并控制期间费用或调整投资。这类利润结构评价为一般。

A4 区间利润结构中，毛利为正数（盈利），营业利润为负数（亏损），利润总额与净利润均为负数（盈利）。说明企业商品经营盈利能力虽然较强，但由于期间费用（如销售费用、管理费用等）过高，或者当期产生较大投资损失等导致营业亏损，因此，企业处于亏损状态。企业对此种利润结构应予以关注，想办法降低并控制期间费用或调整投资，争取早日实现盈利。这类利润结构评价为较差。

B1 区间利润结构中，毛利为负数（亏损），营业利润为正数（盈利），利润总额与净利润均为正数（盈利）。说明企业商品经营盈利能力较差，但取得了较好的投资收益，依靠投资收益实现了经营业务盈利。但这种盈利往往不能持久，企业整体盈利能力较弱。这类利润结构评价为一般。

B2 区间利润结构中，毛利为负数（亏损），营业利润为正数（盈利），利润总额与净利润均为负数（亏损）。说明企业商品经营盈利能力较差，但取得了较好的投资收益，依靠投资收益实现了经营业务盈利。但这种盈利往往不能持久，同时由于当期经营业务外事项导致营业外支出较大，出现了整体亏损。企业整体盈利能力较弱。这类利润结构评价为较差。

B3 区间利润结构中，毛利为负数（亏损），营业利润为负数（亏损），利润总额与净利润均为正数（盈利）。说明企业商品经营盈利能力较差，仅仅是由于企业当期经营外事项导致营业外收入弥补并超过了上述亏损，使企业出现账面上的盈利，这种利润不排除人为盈余管理的嫌疑。企业整体盈利能力较弱。这类利润结构评价为较差。

B4 区间利润结构中，毛利为负数（亏损），营业利润为负数（亏损），利润总额与净利润均为负数（亏损）。说明企业商品经营盈利能力较差，投资收益较差，企业整体盈利能力弱，可能已陷入财务危机中。这类利润结构评价为差。

3. 现金流量表分析

（1）现金流量表分析的概念与结构

第一，现金流量表的概念。现金流量是指企业某一时期内现金和现金等价物流入和流出的数量。在这里，流量是一个相对于存量的概念。存量是某一时点的数据，如会计核算中的余额；流量是一定期间内所发生的数据，如会计核算中的发生额。现金流量根据企业经济活动的性质，通常分为经营活动现金流量、投资活动现金流量和筹资活动现金流量。每一类活动的现金流量又具体分为现金流入量、现金流出量和现金净流量三部分。

第二，现金流量表的结构。现金流量表的结构主要包括正表和附注两部分。我国企业现金流量表的正表采用直接法进行编制。在直接法下，对各类活动引起的现金流量的确认直接根据有关账户记录分析填列。

现金流量表的正表包括表头和主要内容。表头应标明报表名称、编制单位的名称、编制时间和金额单位。主要内容有六个方面，即：经营活动产生的现金流量，投资活动产生的现金流量，筹资活动产生的现金流量，汇率变动对现金及现金等价物的影响，现金及现金等价物净增加额，期末现金及现金等价物余额。

（2）现金流量表的水平分析

第一，现金流量表水平分析的目的。现金流量表水平分析的目的之一，是通过了解企业经营活动、筹资活动、投资活动相关现金流入量、流出量等情况，揭示企业各项现金流入、现金流出及其净流量的增减变动差异，分析差异产生的原因及财务影响，为企业进行现金预测和筹资、投资、经营等相关决策提供依据。

现金流量表水平分析，要根据分析目的来选择比较的标准（基期），当分析目的在于揭示现金流量表的实际变动情况，分析产生实际差异的原因时，其比较的标准应选择现金流量表的上年实际数；当分析目的在于揭示现金流量表预算或计划执行情况，分析影响现金流量表预算或计划执行情况的原因时，其比较标准应选择现金流量表的预算数或计划数。

第二，现金流量表水平分析的步骤与要点。现金流量表分析时基本遵循"总—分—总"模式。一般分析步骤及要点有三点：①现金流量表整体性分析。描述现金流量表年末现金及现金等价物的增减变动额及增减变动率，分析经营活动、投资活动、筹资活动等各类现金净流量的整体变化，以及导致年末现金及现金等价物增减变化的主要因素；②现金流量表分项分析。结合公司实际及行业特点，分别分析现金流量表中经营活动、筹资活动、经营活动各类现金流量中现金流入、现金流出增减变化最大部分，推断现金流量变化的相关原因；③小结。对现金流量表的总体趋势进行概括，评估相关财务影响。

此外，现金流量表的分析也应结合前期资产负债表分析和利润表分析的相关内容，同时关注现金流量表附注对数据变化的解释。相关数据之间应相互印证，数据之间应具有一定勾稽关系。

(3) 现金流量表的结构分析

现金流量表结构分析，是指对现金流量的各个组成部分占总体的比重进行分析，目的在于揭示现金流入量、现金流出量和现金净流量的结构情况，抓住企业现金流量管理的重点。分析方法为垂直分析法。现金流量的结构分析主要包括现金流入结构、现金流出结构和现金净流量结构的分析。

第一，现金流入结构。现金流入结构分析，反映企业现金总流入结构和各项业务活动现金流入结构，即企业全部现金流入中，经营活动、投资活动、筹资活动产生的现金流入在全部现金流入中所占的比重，以及各项业务活动现金流入中具体项目的构成情况。

在企业现金流入量总额中，经营活动现金流入所占比重通常较高。因为经营活动产生的现金流入是体现企业主营业务创造现金流的能力，经营活动的现金流入越多，企业发展的稳定性越强，但对主营业务并不突出的企业或投资性企业而言，并不是必然的。所以应根据企业的实际情况，区别对待。

此外，企业的不同风险偏好也会对现金流入产生一定影响。稳健型企业，经营活动现金流入比重较大，投资活动和筹资活动的现金流入比重可能较小；激进型企业，努力筹资并积极寻找投资机会，可能造成企业在某一特定时期筹资活动和投资活动的现金流入比例较大，甚至超过经营活动的现金流入比例。

第二，现金流出结构。现金流出结构是反映企业全部现金流出中，经营活动、投资活动、筹资活动产生的现金流出在全部现金流出中所占的比重，以及各项业务活动现金流出中具体项目的构成情况。通过现金流出结构的分析，企业的信息需求者可以了解企业现金使用的方向，据以分析和评价现金流出的合理性，提高现金管理的有效性。

第三，现金净流量结构。现金净流量结构，是指企业经营活动、投资活动、筹资活动产生的现金净流量在现金净流量总额中所占的比重。通过净现金流量结构的分析，企业的信息需求者可以了解企业现金净流量形成的原因，判断企业的现金收支是否平衡。

一般而言，企业现金流量净额越大，企业越有活力。如果企业现金流量净额主要来自经营活动，说明企业生产和销售状况好、获取现金能力强、发生坏账的风险小；如果企业现金流量净额主要来自投资活动，可能说明企业生产能力正在衰退，需要通过处置非流动资产来缓解资金紧张，也可能是企业正在调整资产结构；如果企业现金流量净额主要来自筹资活动，说明企业正从外部筹集大量资金，今后将支付更多的股利或利息，财务风险也将更大。

现金流量净额也可能是负数，即现金流出大于现金流入。在这种情况下，不能简单地下结论说企业获取现金的能力弱，而应视不同的情况进行分析。如这个负值主要是由于企业扩大投资引起的，则可能说明企业在更新设备或增强生产能力等，这并不意味着企业经营能力不佳，反而说明企业存在更多的发展机会。但如果现金流量净额负数是由经营活动引起的，并且投资活动、筹资活动的现金流入无法满足经营活动的现金需求，则会影响企业的偿债能力，甚至企业的生存。所以，企业的信息需求者应针对不同情况，具体展开分析。

在进行现金流量表的结构分析时，还要注意企业所处的发展阶段，各种结构比例在企业的不同发展阶段会表现出不同的特点，具体包括：①处于初创期的企业，流入结构中筹资活动会占较大比重，流出结构中投资活动占较大比重；②处于成长期的企业，经营活动流入增加，所占比重会增大，筹资活动流入已经下降，但还占一定的份额，投资活动现金流出大幅下降，但小额投资仍在继续；③在成熟期，占现金流入比重较大的是经营活动现金流量，筹资现金流出增加，因为大量债务到了偿还期，分红比例也在提高，而投资支出基本停止，大量投资进入回收期，投资活动流入会大量增加；④在衰退期，经营活动现金流量明显减少，筹资活动又可能需要大量的现金，企业可能需要依靠收回投资来回收资金，此时企业必须调整投资方向，以获得新的经营活动现金流入。

4. 所有者权益变动表分析

（1）所有者权益变动表分析的目的与格式。所有者权益变动表，是反映构成所有者权益的各组成部分当期的增减变动情况的报表。所有者权益变动表应当全面反映一定时期所有者权益变动的情况，不仅包括所有者权益总量的增减变动，还包括所有者权益增减变动的重要结构性信息，特别是要反映直接计入所有者权益的利得和损失，以便报表使用者准确理解所有者权益增减变动的根源。

从所有者权益变动表可以了解这些方面的信息：当期实现的净利润的情况；直接计入所有者权益的利得和损失，如可供出售的金融资产公允价值变动净额，权益法下被投资单位其他所有者权益变动的影响，与计入所有者权益项目相关的所得税影响等；所有者投入资本与减少资本情况；企业利润分配的情况；所有者权益内部结转情况；所有者权益的期初与期末情况。

所有者权益变动表，作为反映所有者权益增减变动的财务报表，重点反映两个方面的信息：一方面，企业期初所有者权益与期末所有者权益结余的金额，反映出在期初和期末这两个会计时点上的所有者权益具体各组成项目的金额，包括由于会计政策变更采用追溯调整法对前期留存收益的影响和本年度发现并更正的以前年度重大会计差错对期初所有者权益的调整；另一方面，某一会计年度所有者权益的具体变动信息，具体包括对本期所有者权益增减变动产生影响的"净利润""直接计入所有者权益的利得和损失""所有者投入和减少资本""利润分配""所有者权益内部结转"的因素。

第一，所有者权益变动表分析的目的。所有者权益变动表分析的目的，具体包括：①所有者权益变动表披露综合收益，为公允价值的应用创造条件。综合收益是企业在某一期间与所有者之外的其他方面进行交易或发生其他事项所引起的净资产变动。在所有者权益变动表中，净利润和直接计入所有者权益的利得和损失均单列项目反映，体现了企业综合收益的构成；②通过所有者权益变动表分析，揭示了所有者权益变动的原因，为报表使用者正确评价企业经营管理工作提供信息。所有者权益的增减变动有很多原因，该表全面地记录了影响所有者权益变动的各个因素的年初余额和年末余额。通过每个项目年初余额和年末余额的对比，以及各项目构成比例的变化，揭示了所有者权益变动的原因及过程，从而为报表使用者判断企业自有资本的质量，正确评价企业的经营管理工作提供信息；③通过所有者权益变动表分析，反映了企业股利分配政策及现金支付能力，为投资者投资决策提供了全面信息。所有者权益变动表既有资产负债表的内容（所有者权益），又有利润表的内容（净利润），还包括利润分配的内容。该表通过反映利润分配情况，不仅向投资者或潜在投资者提供了有关股利分配政策和现金支付能力方面的信息，而且为报表使用者全面评价企业的财务状况、经营成果和企业发展能力提供了全面信息。

第二，所有者权益变动表的格式。①以矩阵的形式列报。为了清楚地表明构成所有者权益的各组成部分当期的增减变动情况，所有者权益变动表应以矩阵的形式列示。②列示所有者权益变动的比较信息。企业需要提供比较所有者权益变动表，因此，所有者权益变动表还就各项目再分为"本年金额"和"上年金额"两栏分别填列。

（2）所有者权益变动表的结构分析。所有者权益变动表结构分析，是指不列出所有者权益变动表各项目的具体金额，仅列示各项目金额所占总额的百分比。通过所有者权益结构分析，有利于明确各部分的影响程度以及各组成部分所占比重的变化及幅度。

第一，所有者权益变动表结构分析的目的。所有者权益变动表结构分析，主要是运用垂直分析法，对所有者权益变动表中各项目变动占所有者权益变动的比重及其变动合理性进行分析。所有者权益变动表结构分析的目的是通过分析所有者权益各项目比重及其变动情况，明确各项目的影响程度，揭示所有者权益的变动原因，辅助报表使用者进行决策。

第二，所有者权益结构变动的影响因素。所有者权益结构是指所有者权益各项目金额占所有者权益总额的比重，反映了企业所有者各项目的分布情况，揭示了企业的经济实力和风险承担能力。①所有者权益规模。投资者追加投资、企业减少注册资本、盈余公积转增资本、送配股等，都会引起所有者权益总量或其中某个项目总量的变动，从而引起所有者权益结构的变动。②利润分配政策。企业利润分配政策会影响企业投入资本及留存收益的结构。若企业采取高比例分红，必然减少留存收益，可能影响企业以后资金的需求；而企业分红比例过低，可能影响投资者的既得利益。③权益资本成本。适度负债经营，由于债务利息可在交纳企业所得税前从企业利润中扣除，从而有效帮助降低企业资本成本。由于所有者承担的风险要大于债权人承担的风险，权益资本成本往往高于债务资本成本。因此，要降低筹资成本，应尽量利用留存收益，加大比重，降低企业综合资本成本。④企业控制权。如果企业控制权相对集中，往往会采取负债筹资，对所有者权益结构影响不大。但对于上市公司股权相对分散，采取增资扩股或分红派股等方式，会稀释公司股权，从而影响公司的所有者权益结构。⑤其他。企业风险偏好、经济环境的变化、资本市场状况等均会影响企业筹资方式的选择，从而影响所有者权益结构。

第三，所有者权益变动表结构分析的步骤与要点。所有者权益变动表结构分析时，基本步骤及要点包括：①计算所有者权益中各项目增减变动额结构比，分析结构比的合理性；②比较所有者权益各结构比的变动，分析变动的合理性。

（二）企业财务分析的基本方法

1. 比较分析法

比较分析法，简称比较法，是通过同一经济指标不同时间、空间形式的比较找出差距，据以鉴别和判断的一种分析方法。这里所说的比较，是指指标间相减求得差异数值，或者相除求得差异幅度。具体运用比较法时，一般把报告期的实际指标与选定的标准指标相比较，标准指标可根据所要了解的情况确定，如：①为了解计划的完成情况，可选择计划指标作为标准；②为了解发展变化情况，可选择上期或历史某期的指标作为标准；③为了说明企业在同行中所处的位置或与竞争对手的差距，可选择同行业的平均指标，或者竞争对手的同一指标作为标准；④为了判断指标是否合理合规，可选择约定俗成的公认标准或有关机构或部门规定的标准。

在进行比较时，应使对比的指标在这些方面保持一致：①指标的内容性质一致；②指标的时间长度一致，即对于期间数指标，对比双方的时间长度相同；③指标的计算方法一致；④指标的计价标准一致，即比较双方的价值指标是按可比价格计算的。在实际工作中，要做到对比指标完全一致有时较困难，在这种情况下，可以对指标进行必要的调整，剔除不可比因素，或者对不可比因素在分析中加以说明。比较法是分析方法中最基本的方法，也是运用最多的方法之一，它常与其他的一些分析方法结合运用。

（1）按比较对象分类

第一，与本企业历史比，即同一企业不同时期指标相比。历史水平可以选择上年同期水平、历史最高水平、若干期的历史平均水平等。这种比较一方面可以揭示差异，进行差异分析，查明产生差异的原因，为改进企业经营管理提供依据；另一方面，可以通过本期实际与若干期的历史资料比较，进行趋势分析，了解和掌握经营活动的表现趋势及其规律，为预测提供依据。

第二，与同类企业比，即与行业平均数或竞争对手比较。同行业可以选择国内外先进水平、竞争对手等，这种比较有利于找出本企业与同行业水平的差距，明确今后的努力方向。

第三，与本企业预算比，即将实际执行结果与计划指标比较。这种比较可以揭示问题的原因，检测出是目标、计划或定额本身缺乏科学性，还是实际执行中存在问题。如果是前者，有助于今后提供目标、计划或定额的预测工作；如果是后者，有助于改进企业的经营管理工作。

第四，与评价标准值比较。评价标准是企业所在行业的标准值，它是权威机构（如国家统计局、证券交易所等）根据大量数据资料进行测算而得出的，具有客观、公正、科学的价值，是一个较为理想的评价标尺，如我国财政部评价年均不同企业的主要财务比率的评价标准值。

（2）按比较内容分类

第一，比较会计要素的总量。总量是指财务报表项目的总金额，如资产总额、净利润等。总量比较主要用于趋势分析，以分析发展趋势；有时也用于横向比较，分析企业的相对规模和竞争地位。

第二，比较结构百分比。把资产负债表、利润表、现金流量表转换成百分比报表。例如，以收入为100%，看利润表各项目的比重。信息需求者通过分析结构百分比，有助于发现有显著问题的项目。

第三，比较财务比率。财务比率表现为相对数，排除了规模的影响，使不同对象间的比较变得可行。

（3）按比较方法分类

第一，水平分析法。水平分析法又称水平分析或横向比较法，是指企业实际达到的结果同某一标准进行比较（包括某一期或数期财务报表中的相同项目），观察这些项目的变化情况，用来揭示这些项目增减变化的原因与趋势的分析方法。水平分析法可以用绝对数作比较，也可以用相对数作比较。

绝对值增减变动，其计算公式为：

$$绝对值变动数量 = 分析期某项指标实际数 - 差期同项指标实际数 \quad (2-6)$$

增减变动率，其计算公式为：

$$变动率 = 绝对值变动数量 \div 基期实际数量 \times 100\% \tag{2-7}$$

变动比率值，其计算公式为：

$$变动比率值 = 分析期实际数值 \div 基期实际数值 \tag{2-8}$$

如果能对数期报表的相同项目作比较，则可以观察到相同项目带有规律的发展趋势，有助于评价和预测。水平分析法的表现形式有两种：①定比，定比是以某一时期数额为基数，其他各期数额均为与该期的基数进行比较；②环比，环比是分别以上一时期数额为基数，然后将下一期数额与上一期数额进行比较。

第二，垂直分析法。垂直分析法又称结构分析法、纵向比较分析法，它用来计算财务报表中的各项目占总体的比重，它反映财务报表中每一项目与其相关总量之间的百分比及其变动情况，准确分析企业财务活动的发展趋势的分析方法。在这一方法下，每项数据都有一个相关的总量对应，并被表示为占这一总量的百分比形式。垂直分析法的一般步骤如下：

确定报表中各项目占总额的比重或百分比。其计算公式为：

$$某项目的比重 = 该项目金额 \div 各项目总金额 \times 100\% \tag{2-9}$$

通过各项目的比重，分析各项目在企业经营中的重要性。一般而言，项目比重越大，说明其重要程度越高，对总体的影响越大。

将分析期各项目的比重与前期同项目比重进行对比，研究各项目的比重变动情况。

比较分析法无论采用哪种比较形式，都要注意对比指标的可比性。同类企业之间进行财务指标的对比，必须是相对比的企业在产品种类、生产技术、生产规模和经营特点等方面大致相同。

2. 比率分析法

比率分析法又称比率法，它是将两个性质不同但有一定联系的指标相除，计算比率，形成一个新指标，用以反映经济现象的内在联系和数量关系的分析方法。

财务比率大多是根据财务报表的有关项目计算的，主要有反映偿债能力的流动性比率、资本结构比率，反映经营能力的资产周转率，反映盈利能力的各种利润率等。单个比率揭示的内容有限，根据指标的性质和相互关系，可以把多个比率组成比率体系，进行综合分析。

在评价企业历史的盈利能力、偿债能力、现金保障能力及其未来变动趋势时，经常用到比率分析法。通过比率分析法能够反映出会计报表上数据之间的相互关系。这一方法，按照分析的对象不同可以分成以下三类：

（1）结构比率分析。结构分析，又称比重比较分析。它研究的是某一总体中，每一部分占总体结构的比重，用以观察和了解总体内容的构成和变化的影响程度，把握经济事项发展的规律。结构分析可运用于会计报表分析，有时也称垂直分析，如总资产的构成和总负债的构成及变化等，也可以运用于利润表的利润总额分析。

（2）相关比率分析。将两个性质不同，但在财务活动中互相关联的指标进行对比，求出的比率即为相关比率。例如，销售利润率是将利润和企业实现的营业收入两个性质不同，但有联系的指标相比而得到的，它能反映企业营业收入的获利水平以及总体盈利的能力。因此，相关比率分析能使我们更深入地认识企业的财务状况。

财务分析中运用的销售利润率、负债比率、总资产收益率、流动比率、速动比率等都是相关比率分析。

（3）趋势比率分析。趋势比率分析可以揭示出财务指标的变化及其发展趋势。它是对某项财务指标不同时期的数值进行对比，求出比率。趋势比率主要有两种形式，分别为定基动态比率和环比动态比率。

定基动态比率分析是指基期标准或标准保持不变，而将各期的实际数与其进行持续比较，来揭示经济事项变化规律和发展趋势的方法。

环比动态比率分析是指持续地把某项经济指标的本期实际数与上一期实际数进行比较，不断计算相对于上一期的变动率，以了解该经济事项的连续变化趋势。

在进行趋势比率分析时应注意三个问题：①既可以采用绝对数比较，也可以采用相对数比较；②用于比较的不同时期的经济指标，在计算口径上应保持一致，以确保分析质量；③要特别注意一些重大经济事项对不同期财务指标造成的影响。

3. 因素分析法

因素分析法在某个经济指标比较分析的基础上，进一步研究指标的影响因素及影响关系，并按一定的计算程序和方法从数量上测算各因素变动对指标影响程度的分析方法。具体运用时，首先确定被分析指标受哪些因素的影响，并且把他们之间的关系列成算式；然后选用一定的计算方法，测算各因素对指标的影响程度。常用的计算方法有以下两种：

（1）连环替代法。连环替代法是在计算中，以连续、依次替换的方式，测算各因素对指标的影响的方法。连环替代法的计算步骤为：①将基准数代入反映指标及影响因素关系的算式，基准数即作为比较标准的数据，如计划数、上期数等；②依次以一个因素的实际数替代基准数，计算出每次替代后指标数值，直到所有的因素都以实际数替代为止；③把相邻两次计算的结果相比较，测算每个替代因素的影响方向和程度；④各因素的影响程度之和与指标的实际数与基准数的差额相等。

(2) 差额计算法。差额计算法是连环替代法的简化形式，是依次以各因素实际数与基准数差额代入算式，直接测算各因素对指标影响的方法。

连环替代法和差额计算法在计算过程中，都是假定其中某个因素变动而其他因素不变，逐次测算各因素的影响，当因素变动的先后顺序发生变化，计算的各因素影响的数值就会与原来的结果有出入，但总的影响值不变，即各因素的影响值不是唯一的，这是这两种方法存在的问题。

4. 图解分析法

图解分析法亦称图解法，是财务分析中经常应用的方法之一。严格地说，图解分析法并不是一种独立的财务分析方法，而是财务分析方法的直接表达形式。图解分析法是指将企业的相关财务指标以某一图形揭示出来，以说明经营、财务状况变化的一种分析方法。由于图形可将多项指标多形式地在图形上直观地显示出来，具有直观、形象的特征，此法已越来越引起人们的重视。例如，量本利分析中的盈亏平衡图、反映上市公司股票行情波动的 K 线图等图解分析法均得到了广泛应用。

(1) 对比图解分析法。对比图解分析法是指用图形的形式，将某一指标的报告数值与基准数值进行比较，以揭示报告数值与基准数值之间差异的分析法。对比图解分析法是实践中广泛使用的图解分析方法之一，其形式多种多样。常见的对比分析图是柱形图，可以直观地反映某企业本年的每股收益、每股净资产、每股未分配利润与上年对比的情况。

(2) 结构图解分析法。结构图解分析法实际上是垂直分析法的图解形式，以图形的方式表示在总体中各部分所占的比重。结构分析图的形式有很多种，较为常见的为饼状图。

(3) 趋势图解分析法。绘制趋势分析图解是将连续各期某指标数据在坐标图上描点连线，形象直观地反映财务指标的变化趋势，既可以按固定基期计算出各期趋势比率进行比较，也可按指标的绝对数值进行比较。

(4) 因素图解分析法。因素图解分析法是运用因素分解图来反映某项经济指标的影响因素及其影响程度的一种图解分析方法。该方法有利于直观、清晰地反映分析指标与影响因素之间的关系。

二、企业基本财务能力分析

（一）企业偿债能力分析

1. 长期偿债能力分析

长期偿债能力，是指企业偿还长期负债的能力，企业的长期负债主要有长期借款、应付债券、长期应付款、专项应付款、预计负债等。企业的长期债权人和所有者不仅关心企业短期偿债能力，更关心企业长期偿债能力。因此，在对企业进行短期偿债能力分析的同时，还需分析企业的长期偿债能力，以便于债权人和投资者全面了解企业的偿债能力及财务风险。

反映企业长期偿债能力的财务比率主要有：资产负债率、股东权益比率、权益乘数、产权比率、有形净值债务率、偿债保障比率、利息保障倍数和现金利息保障倍数等。

2. 短期偿债能力分析

短期偿债能力，是指企业能偿付流动负债的能力。流动负债是将在1年内或超过1年的一个营业周期内需要偿付的债务，这部分负债对企业的财务风险影响较大，如果不能及时偿还，就可能使企业陷入财务困境，面临破产倒闭的危险。在资产负债表中，流动负债与流动资产形成一种对应关系。

一般来说，流动负债需要以现金直接偿还，而流动资产是在1年内或超过1年的一个营业周期内可变现的资产，因而流动资产就成为偿还流动负债的一个安全保障。因此，可以通过分析流动负债与流动资产之间的关系来判断企业短期偿债能力。通常评价短期偿债能力的财务比率主要有流动比率、速动比率、现金比率、现金流量比率等。

3. 偿债能力的影响因素

（1）或有负债。或有负债是企业过去的交易或者事项形成的潜在义务，其存在是通过未来不确定事项的发生与否予以证实。或有负债可能会转化为企业的债务，也可能不会转化为企业的债务，其结果具有不确定性。

（2）担保责任。在经济活动中，企业可能会发生以本企业的资产为其他企业的债务提供法律担保的情况，如为其他企业的银行借款提供担保、为其他企业履行有关经济合同提供法律担保等。

（3）租赁活动。企业在生产经营活动中，可以通过财产租赁的方式解决急需的设备。财产租赁通常有两种形式：融资租赁和经营租赁。采用融资租赁方式，租赁的固定资产作为企业的固定资产入账，租赁费用作为企业的长期负债入账。但是，当企业采用经营租赁时，其租赁费用并未包含在负债之中。

（4）可用的银行授信额度。可用的银行授信额度是指银行授予企业的贷款指标，该项信用额度已经得到银行批准，但企业尚未办理贷款手续。对于这种授信额度企业可以随时使用，从而能够方便、快捷地取得银行借款，提高企业的偿付能力，缓解财务困难。

(二) 企业营运能力分析

1. 企业营运能力的基本认知

企业营运能力，主要指企业营运资产的效率与效益。营运资产的效率通常指资产的周转速度。营运资产的效益则指营运资产的利用效果，即通过资产的投入与其产出相比来体现。

营运能力有广义和狭义之分。广义的营运能力是指企业所有要素所能发挥的营运作用。即企业各项经济资源，包括人力资源、财力资源、物力资源、技术信息资源和管理资源等，通过配置、组合与相互作用而生成推动企业运行的物资能量。狭义的营运能力是指企业资产的利用效率。我们这里研究的是狭义的营运能力。企业营运能力分析就是要通过对反映企业资产营运效率与效益的指标进行计算与分析，评价企业的营运能力，为企业提高经济效益指明方向。

（1）营运能力的重要意义

营运能力，不仅反映企业的盈利水平，而且反映基础管理、经营策略、市场营销等方面的状况，因而进行营运能力分析十分必要。其重要意义表现在以下三方面：

第一，可以合理确认资产存量规模。随着企业生产规模的变化，资产存量规模亦处在经常变化中。营运能力分析可以帮助我们了解经营活动对资产的需要情况，以便根据生产经营的变化调整资产存量，使资产的增减变动与生产经营规模变动相适应。

第二，可以促进各项资产的合理配置。各种资产在经营中的作用不同，对企业财务状况和经营成果的影响率也不同。在资产存量一定的情况下，如果其配置不合理，营运效率会降低。营运能力分析可以帮助我们了解资产配置中存在的问题，不断优化资产配置。

第三，可以促进企业资产利用效率的提高。在资产存量、配置情况相同时，每一企业利用其资产以形成产品和销售的效率是不同的，反映出各个企业资产利用效率的不同，这最终会对企业的财务成果产生影响。借助于资产营运能力分析，对于了解资产利用过程存在的问题、挖掘资产潜力、促进资产利用效率的提高，具有重要意义。

（2）营运能力分析的内容

第一，流动资产营运能力分析，包括应收账款周转率分析、存货周转率分析、流动资产周转率分析。

第二，总资产营运能力分析，包括总资产周转率分析。

2. 流动资产营运能力的分析

流动资产营运能力，主要通过应收账款周转率、存货周转率、流动资产周转率等指标反映。

（1）应收账款周转率分析。应收账款周转率是指企业一定时期商品赊销收入净额与应收账款平均余额的比率，或称应收账款周转次数。其计算公式为：

$$应收账款周转率=商品赊销收入净额÷应收账款平均余额 \quad (2-10)$$

其中：

$$商品赊销收入净额=销售收入-现销收入-销售退回-销售折扣与折让 \quad (2-11)$$

$$应收账款平均余额=（期初应收账款+期末应收账款）÷2 \quad (2-12)$$

财务比率指标要求分子和分母的计算口径一致，所以计算公式用"商品销售收入净额"，分母的应收账款数额应包括资产负债表中的"应收账款"与"应收票据"等全部赊销款项。

企业应收账款周转率有两种表示方法：①通过应收账款周转次数反映；②通过应收账款周转天数反映。应收账款周转率可以反映应收账款变现的速度和管理的效率。应收账款周转次数是正指标，数值大，说明企业应收账款回收快，资产流动性强，不易发生坏账损失，短期偿债能力强，企业信用状况好。但是，应收账款周转次数并不是越大越好，如果应收账款周转次数过高，会限制企业业务量的扩大，影响企业的盈利水平。应收账款周转天数是反指标，一般来说越小越好。

应收账款周转率尚无一定标准，很难确定一个理想的比较基础。一般以行业的平均周转率水平作为企业的比较标准。

在进行应收账款周转率分析时应注意：应收账款既包括应收账款、应收票据，也包括其他应收款；应收款项周转次数计算公式的分子应指赊销净额，不包括现销额；对于已贴现的应收票据且已不在外流通者，应在分子中剔除。

应收账款周转率分析，是加强应收账款管理的一个有力措施。当应收款项周转率偏低时，便可以从这些方面寻找原因：①销货条件或收账方针不适当；②收账计划不力；③客户发生财务困难；④同业竞争、物价水平波动等。其中，①和②是主观因素，企业财务管理者应迅速采取对策，以求改进。但应收账款周转率分析指标只能表示全部应收款项一个平均数值，难以具体了解应收款项中各个客户逾期的详细情况。为了解决这一问题，企业可采用账龄分析法进行分析。

（2）存货周转率分析。存货周转率是指一定时期营业成本与存货平均余额的比率，也称存货周转次数。该指标评价企业从取得存货、投入生产到销售收回等各环节的综合管理状况，反映企业的销售能力和存货周转速度。

存货周转率反映存货的周转速度，它是衡量企业生产经营各环节中存货运营效率的综合性指标。该指标越高，周转次数越多，表明企业存货回收速度越快，企业经营管理效益越高，资产流动性越强，企业盈利能力越强；反之，则表明存货的管理效益越低，存货占用资金多，企业盈利能力较差。

存货主要由材料存货、在产品存货和产成品存货构成，它是流动资产中最重要的组成部分，常常达到甚至超过流动资产总额的一半。存货的质量和流动性对企业的流动比率有重大的影响。因此存货营运能力分析是综合评价企业不可缺少的一部分。

存货周转率指标有存货周转次数和存货周转天数两种形式。其计算公式如下：

$$存货周转次数 = 营业成本 \div 存货平均余额 \qquad (2-13)$$

$$存货平均余额 = （存货余额年初数 + 存货余额年末数）\div 2 \qquad (2-14)$$

$$存货周转天数 = 360 \div 存货周转次数 = 360 \times 平均存货余额 \div 营业成本 \qquad (2-15)$$

式中：营业成本——企业销售产品、商品或提供劳务等经营业务的实际成本。

在存货平均水平一定的条件下，存货周转次数越多，说明企业销售成本核算数额越多，产品销售的数量越大，企业的销售能力越强。存货周转天数与存货周转次数比较，存货周转次数是正指标，越大越好；存货周转天数是反指标，越小越好。

（3）流动资产周转率分析。流动资产周转率是指企业一定时期营业收入净额同平均流动资产总额的比值。流动资产周转率是评价企业资产利用效率的另一主要指标。该指标用于衡量流动资产的利用效率，反映企业流动资产的周转速度，是从企业全部资产中流动性最强的流动资产角度对企业资产的利用效率进行分析，以进一步揭示影响企业资产质量的主要因素。流动资产周转率指标将营业收入净额与企业资产中最具活力的流动资产相比较，既能反映企业一定时期流动资产的周转速度和使用效率，又能进一步体现单位流动资产实现价值补偿的高与低。

流动资产周转率有两种表示方法：周转次数和周转天数。其计算公式如下：

$$流动资产周转次数 = 营业收入净额 \div 平均流动资产总额 \qquad (2-16)$$

$$平均流动资产总额 = （流动资产年初数 + 流动资产年末数）\div 2 \qquad (2-17)$$

$$流动资产周转天数 = 360 \div 流动资产周转次数 \qquad (2-18)$$

式中：营业收入净额——企业当期销售产品、提供劳务等主要经营活动所取得的收入减去折扣与折让后的数额，取值于"利润表"及其附表；

平均流动资产总额——企业流动资产总额的年初数与年末数的平均值，取值于"资产负债表"。

流动资产周转率越高，表明资产周转速度越快，企业流动资产的运用效益越高，增强了企业偿债能力和获利能力；反之，这表明企业利用流动资产进行经营力差，流动资产利用效益差。

在进行流动资产周转率分析时应注意：要实现流动资产周转率指标的良性变动，应以营业收入增幅高于流动资产增幅作保证。在企业内部，通过对该指标的分析对比，一方面可以促进企业加强内部管理，充分有效地利用其流动资产，如降低成本、调动暂时闲置的货币资金用于短期投资创造收益等；另一方面也可以促进企业采取措施扩大销售，提高流动资产的综合使用效率。

3. 总资产营运能力的分析

总资产周转率，是指企业一定时期营业收入净额同平均资产总额的比值。总资产周转率是综合评价企业全部资产经营质量和利用效率的重要指标。

总资产周转率可用来分析企业全部资产的使用效益。该指标越高，周转速度越快，表明资产有效使用程度越高，总资产的运用效益越好，其结果将使企业的偿债能力和获利能力增强；反之，则说明企业利用全部资产进行经营的效益较差，最终影响企业获利能力。

在总资产中，周转速度最快的应属流动资产，因此总资产周转速度受流动资产周转速度的影响较大。总资产周转率的快慢取决于以下两大因素：

（1）流动资产周转率，因为流动资产的周转速度往往高于其他类资产的周转速度，加速流动资产周转，就会使总资产周转速度加快；反之，则会使总资产周转速度减慢。

（2）流动资产占总资产的比重，因为流动资产周转速度快于其他资产周转速度，所以企业流动资产所占比例越大，总资产周转速度越快；反之，则越慢。

（三）企业盈利能力分析

1. 经营盈利能力分析

对于企业的经营盈利能力的分析，主要通过销售毛利率、销售净利率、成本费用利润率等指标。

（1）销售毛利率。销售毛利率是指销售毛利额同销售收入净额的比率，主要反映企业主营业务的盈利能力和获得水平，体现了企业生产经营活动最基本的获得能力。没有足够大的销售毛利率就无法形成企业的最终利润，毛利是企业利润形成的基础。单位销售收入的毛利越高，说明抵补企业各项经营支出的能力越强，盈利能力越高；反之，盈利能力越低。

（2）销售净利率。销售净利率，是指企业一定期间的净利润同销售收入（营业收入）的比率，反映企业销售收入的获得水平。

（3）成本费用利润率。成本费用利润率，是指一定时期内企业利润总额和成本费用总额之间的比例关系，表示企业每耗费 1 元成本或费用所能创造的利润额。它提示了企业所得与所费之间的关系，是衡量企业盈利能力的重要指标。

成本费用一般指营业成本、税金及附加和"三项费用"（销售费用、管理费用、财务费用）。成本费用利润率从耗费角度补充评价企业的收益状况和盈利水平，有利于促进企业加强内部管理，节约支出，提高经营效益。每一个企业都力求以最少的耗费获取最大的利润，因此该比率越高，表明企业为取得收益所付出的代价越小，企业成本费用控制得越好，企业的获得能力越强。

成本费用利润率指标的对比双方，利润总额同成本费用总额计算的口径并不十分匹配。成本费用总额反映企业生产经营业务活动的支出或耗费，而利润总额反映的是企业营业的和非营业的以及特殊的收支活动的最终结果，但是，它是反映企业成本费用和利润的总额指标，所以主要用于对企业整体的获得能力的评价。

2. 投资盈利能力分析

（1）总资产报酬率。总资产报酬率又称总资产收益率，是指企业一定时期内获得的报酬总额与平均资产总额的比率。它用于衡量来源于不同渠道（即债务融资和股权融资）的企业全部资产的总体获得能力。在一般情况下，企业可根据总资产报酬率与市场利率进行比较，如果该指标大于市场利率，则表明企业可以适度利用财务杠杆进行负债经营，获取尽可能多的收益。

（2）净资产收益率。净资产收益率又称所有者权益报酬率，是指企业一定时期内的净利润同平均净资产的比率。该比率充分体现了投资者投入企业的自有资本获取净收益的能力，反映了投入资本及其积累与报酬的关系，是评价企业资本经营效率的核心指标。净资产收益率是反映企业自有资本及其积累获取报酬水平的最具综合性与代表性的指标。该指标不受行业不同的限制，通用性强，适用范围广。一般来说，净资产收益率越高，资本运营效益越好，投资者和债权人受保障的程度也越高。

净资产收益率作为企业资本效益的最终反映，是企业偿债能力、营运能力和获利能力综合作用的结果。

（3）每股收益。每股收益是企业净收益扣除优先股股利后于流通在外普通股加权平均数的比率。它反映企业平均每股普通股获得的收益，是衡量上市公司获利能力的重要指标。该指标具有引导投资、增加市场评价功能、简化财务指标体系的作用。每股收益是评价上市公司获利能力的基本指标和核心指标，它反映了企业的获利能力，决定了股东的收益质量。每股收益分为简单资本结构与复杂资本结构两方面，以下仅从简单结构展开对每股收益的分析：

所谓简单资本结构，是指某一股份制企业仅发行普通股，除发行普通股外另发行了无潜在稀释作用的不可转换的优先股等其他证券，或除发行普通股外，另发行了具有潜在稀释作用的其他证券，但其潜在稀释作用在3%以下，称满足上述条件的资本结构为简单资本结构。其中，稀释作用是指可转换证券一旦转换为普通股，或流通在外的认股证与认股权用于购买普通股之后，将使流通在外的普通股数增加，从而导致普通股每股收益减少。在简单资本结构下，每股收益是指本年净收益与年末普通股数的比值。

(4) 市盈率。与每股收益一样受到投资者普遍关注的另一个指标是市盈率。市盈率也称价格收益比，是普通股每股市价与普通股每股收益的比值，它反映了投资者对每股收益所愿支付的价格，可以用来判断本企业股票与其他企业股票相比的潜在价值，是上市公司市场表现中最重要的指标之一。

市盈率是投资者用于衡量某种股票投资价值和投资风险的常用指标。它是市场对公司的共同期望指标。市盈率高，说明投资者对该公司的盈余品质较具信心，且预期将来的盈余提高。

一般来说，在同时流通的各公司股票中，某一股票的市盈率越低，则其投资价值越高，投资风险越小，但是也有可能说明该公司发展前景欠佳，缺乏对投资者的吸引力；反之，市盈率越高，说明该公司发展前景良好，投资者普遍持乐观态度，愿意承受较大的投资风险。

但是市盈率越高，并不能表示其质量越好。当公司总资产报酬率很低时，每股收益可能接近于零，以每股收益为分母的市盈率很高，但这并不意味着该公司具有良好的盈余品质和发展前景。另外，当资本市场不健全、交易失常或有操纵市场现象时，股票价格可能与公司盈利水平脱节，从而造成假象，使得市盈率难以真正达到评价企业盈利能力的目的。因此，以市盈率评价企业盈利能力主要应看其变动的原因及其趋势，并结合其他指标综合考虑。

(四) 企业发展能力分析

发展能力分析主要分析企业未来生产经营的发展趋势和发展水平，包括资本、资产、销售和收益等方面的增长趋势和增长速度。分析的内容有两个方面：一方面，分析有关发展能力的财务指标，评价企业到目前为止已取得的实际发展水平与速度；另一方面，分析企业所处的经济环境、经营策略与财务策略，进一步分析企业可持续增长率，分析解释企业未来取得发展的能力。

1. 发展能力的重要内涵

企业发展能力又称为增长能力，通常是指企业未来生产经营活动的发展趋势和发展潜能。企业的发展能力对投资者、债权人及其他相关利益团体非常重要。从形式看，企业的发展能力主要是通过自身的生产经营活动，不断扩大积累而形成的，主要依托于不断增长的营业收入、不断增加的资金投入和不断创造的利润等。从结果看，一个发展能力强的企业，能够不断为股东创造财富，能够不断增加企业价值。

与盈利能力、营运能力、偿债能力分析相比，企业发展能力分析更全面，是从动态的角度评价企业的成长性。传统的财务分析仅仅从静态的角度出发分析企业的财务状况，在越来越激烈的市场竞争中显然不够全面、不够充分。其原因具体如下：

（1）企业的价值很大程度上取决于未来的获利能力，取决于企业营业收入、收益和股利的未来增长，而不是企业过去或者目前所获得的收益情况。对于上市公司而言，股票价格固然受多种因素的影响，但是从长远看，剩余收益的增加才是导致公司股票未来价格上升的根本因素。

（2）发展能力是企业盈利能力、营运能力、偿债能力的综合体现。无论是增强企业的盈利能力、偿债能力还是提高企业的资产运营效率，都是为了企业未来的生存和发展需要，都是为了提高企业的增长能力。因此，要全面衡量一个企业的价值，就不应该仅仅从静态的角度分析其经营能力，更应该着眼于从动态的角度出发分析和预测企业的发展能力。

2. 发展能力的指标分析

（1）资本增长指标

第一，股东权益增长率。股东权益增长率是指本年所有者权益的增长额与年初所有者权益之比，也叫作资本积累率。它反映企业经过一年的生产经营后所有者权益的增长幅度，是评价企业发展潜力的重要指标。其计算公式是：

$$股东权益增长率 = \frac{本年所有者权益增长额}{年初所有者权益} \times 100\% \qquad (2-19)$$

式中：本年所有者权益增长额——企业本年所有者权益与上年所有者权益的差额，即本年所有者权益增长额=所有者权益年末数−所有者权益年初数。

股东权益增长率越高，表明企业本期所有者权益增加得越多，对企业未来的发展越有利；反之，股东权益增长率越低，表明企业本年度所有者权益增加得越少，企业未来的发展机会就越少。

在进行股东权益增长率分析时，应注意：①股东权益的增长来源有两个，其中一个来源是生产经营活动产生的净利润，另一个来源是筹资活动产生的股东净支付。所谓股东净支付，就是股东对企业当年的新增投资扣除当年发放股利后的余额。股东权益增长率的变化受净资产收益率和股东净投资率这两个因素的影响。其中，净资产收益率反映了企业运用股东投入资本创造收益的能力，而股东净投资率反映了企业利用股东新投资的程度。这两个比率的大小都会影响股东权益增长的情况。②股东权益增长率反映了投资者投入企业资本的保全性和增长性。该指标越高，表明企业的资本积累越多，企业资本保全性越强，应对风险、持续发展的能力越强。③股东权益增长率如为负值，表明企业资本受到侵蚀，所有者利益受到损害，应予以充分重视。④股东权益增长趋势分析。为了正确判断和预测企业股东权益规模的发展期趋势和发展水平，应将企业不同时期的股东权益增长率加以比较。因为一个持续增长的企业，其股东权益增长率是不断增长的。如果时增时减，则反映企业发展不稳定，同时也说明企业并不具备良好的发展能力。因此，仅仅计算和分析某个时期的股东权益增长率是不全面的，应利用趋势分析法将一个企业不同时期的股东权益增长率加以比较，才能正确全面地评价企业发展能力。

第二，三年股东权益平均增长率。股东权益增长率指标有一定的滞后性，仅反映当期情况。为反映企业资本保全增值的历史发展情况，了解企业的发展趋势，需要计算连续几年的股东权益增长率，从而客观地评价企业的股东权益发展能力状况。该指标越高，表明企业所有者权益的保障程度越高，企业可长期使用的资金越多，抗风险的持续发展的能力越强。

利用该指标分析时应注意所有者权益各类别的增长情况。实收资本的增长一般源于外部资金的进入，表明企业具备了进一步发展的基础，但并不表明企业过去具有很强的发展和积累能力；留存收益的增长反映企业通过自身经营积累了发展后备资金，既反映了企业在过去经营中的发展能力，也反映了企业进一步发展的后劲。

(2) 资产增长指标

第一，资产增长率。企业要增加销售收入，就需要通过增加资产投入来实现。资产是企业用于取得收入的资源，也是企业偿还债务的保障。资产增长是企业发展的一个重要方面，发展性高的企业一般能保持资产的稳定增长。

资产增长率就是本年度资产增加额与资产年初总额之比，用来反映企业总资产的增长速度的快慢。资产增长率大于零，则说明企业本年度资产规模增大。资产增长率越大，说明资产规模扩大得越快。资产增长率小于零，则说明企业本年度资产规模缩减，资产出现负增长。

在进行资产增长率指标分析时，应注意：①分析资产增长的规模是不是合理。企业资产增长率高并不意味着企业的资产规模增长就一定合理。评价一个企业资产规模是否合理，必须与销售收入增长、利润增长等情况结合起来分析。只有在一个企业的销售收入增长、利润增长超过资产规模增长的情况下，这种资产规模增长才属于效益型增长，才是合理的、适当的。②正确分析企业资产增长的来源。企业的资产来源于负债和所有者权益。在其他条件不变的情况下，无论是增加负债规模还是增加所有者权益规模，都能够提高资产增长率。增加负债规模，说明企业增加负债筹资；而增加所有者权益规模，则可能是企业吸收了新的股东或者是实现了盈利。从企业发展的角度看，企业资产的增长应该主要来自所有者权益的增长，而不是负债的增长。相反，如果一个企业资产的增长完全依赖于负债的增长，而所有者权益在本年度内没有发生变动或者变动不大，说明企业不具备良好的发展潜力。③分析资产增长的趋势是否稳定。为了全面地认识企业资产规模的增长趋势和增长水平，应将企业不同时期的资产增长率加以比较。对于一个健康的处于成长期的企业，其发展规模应该是不断增长的。如果时增时减，则反映企业的经营业务不稳定，同时也说明企业并不具备良好的发展能力。④资产增长率是考核企业发展的重要指标。在对我国上市公司业绩综合排序时，该指标位居第二。

（2）固定资产成新率。固定资产成新率是企业当期平均固定资产净值同平均固定资产原值的比率，反映了企业所拥有的固定资产的新旧程度，体现了企业固定资产更新的快慢和持续发展的能力。该指标值高表明企业的固定资产比较新，可以为企业服务较长时间，企业对扩大再生产的准备比较充足，发展的可能性较大。在进行固定资产成新率指标分析时，应注意的要点包括：①应剔除企业应提未提折旧对固定资产真实情况的影响；②进行企业间比较时，注意不同折旧方法对指标的影响；③该指标受周期影响大，评价时应注意企业所处周期阶段这一因素。

（3）销售增长率指标

第一，销售增长率。销售增长率指标是衡量企业经营状况和市场占有能力、预测企业经营业务拓展趋势的重要指标。不断增长的销售收入，是企业生存的基础和发展的条件。销售增长率是指某一年度营业收入增加额与上年营业收入之比。它是评价企业发展能力的重要指标。

销售增长率是反映企业营业收入在一年之内增长幅度的比率。销售增长率大于零，说明企业本年的营业收入有所增加，本期销售规模扩大。销售增长率越高，说明企业营业收入增长得越快，销售情况越好，企业市场前景越好；反之，销售增长率小于零，则说明企业销售收入有所减少，销售规模减小，销售出现负增长，也就是企业的产品或者服务不适销对路，质次价高，或者是售后服务等方面存在问题，市场份额萎缩。

分析企业的销售增长率时,应该注意:一方面,销售增长率是衡量企业经营状况和市场占有能力的重要指标。不断增加的销售收入是企业生存的基础和发展的条件。分析销售增长率时要分析销售增长的效益,也就是要看一个企业的销售增长率与资产增长率哪个大。一般情况下,一个企业的销售增长率应高于其资产增长率。只有在这种情况下,才能说明企业在销售方面具有良好的成长性。如果营业收入的增加主要是通过资产的增加来实现的,也就是销售增长率低于资产增长率,说明企业的销售增长不具有效益性,同时也反映出企业在销售方面可持续发展能力不强。

另一方面,可以利用某种产品销售增长率指标,来观察企业该种产品处于产品生命周期中的哪个时期。根据产品生命周期理论,每种产品的生命周期一般可以划分为四个阶段,产品在不同阶段反映出的销售情况也不同:①在投入期,由于产品刚刚投入生产,产品销售规模较小,增长比较缓慢,这时这种产品的销售增长率较低;②在成长期,由于产品市场不断扩大,生产规模不断扩大,销售迅速增加,产品销售增长较快,这时这种产品销售增长率较高;③在成熟期,由于市场已经饱和,销售量趋于稳定,产品销售将不再有大幅度的增长,这时产品销售增长率与上一期相比变化不大;④在衰退期,由于市场开始萎缩,产品销售增长速度放慢甚至出现负增长,即这种产品销售增长率较上期变动非常小,甚至表现为负数。企业的产品结构由处于不同生命周期的产品系列组成。

此外,全面、正确地分析企业销售收入的增长趋势和增长水平。由于某个时期的销售增长率可能会受到一些偶然因素影响,仅仅就某个时期的情况而言,这些比率分析并不全面。因此,应结合企业历年的销售水平、企业市场占有情况、行业未来发展及其他影响企业发展的潜在因素进行前瞻性预测,或者结合企业前三年的销售收入增长率作出趋势性分析判断。

第二,三年销售平均增长率。三年销售平均增长率指标表明企业主营业务收入连续三年增长的情况,体现了企业持续发展态势和市场扩张能力。该指标越高,表明企业销售收入持续增长势头越好,企业积累和发展的基础越稳固,市场扩张能力越强;若指标低,则情况相反。

(4) 净利润增长率指标

由于净利润增长率是企业经营业绩的结果,所以净利润的增长是企业成长性的基本表现。净利润增长率是某一年度内税后净利润增加额与上年税后净利润之比。净利润增长率是反映企业税后净利润在一年内增长幅度的比率。一般情况下,净利润增长率大于零时,说明企业本期净利润增加,企业的发展前景较好;净利润增长率小于零时,说明企业本期的净利润减少,企业的发展前景不好。

在分析企业净利润增长率时，应注意：①分析净利润增长率时应该结合企业的营业利润增长率来进行。企业的净利润除了来自主营业务收入之外，还包括公允价值变动损益、资产减值损失、营业外收入等这些非主营业务收入。要全面地认识企业的发展能力，需要结合企业的营业利润增长率进行分析。一个企业如果销售收入增长，但是利润并没有增长，则从长远看，它并没有创造经济价值。同样，一个企业如果利润增长，但是销售收入并未增长，换言之利润的增长不是来自其正常经营业务，这样的增长是不能持续的，随着时间的推移就会消失。所以，利用营业利润增长率可以较好地考察企业的成长性。营业利润增长率是某一年度内营业利润增加额与上年营业利润之比，反映的是营业利润增长情况。②为了正确地反映企业净利润的增长趋势，应将企业连续多期的净利润增长额、净利润增长率、营业利润增长率进行对比分析，这样可以排除个别时期偶然性或者特殊性因素的影响，从而全面、真实地揭示企业净利润的增长情况，反映企业发展能力的稳定性。

三、企业财务评价与考核

（一）企业综合绩效分析

1. 杜邦分析法

杜邦分析法又称杜邦财务分析体系，简称杜邦体系，是利用各主要财务比率指标间的内在联系，对企业财务状况及经济效益进行综合系统分析评价的方法。核心指标：净资产收益率。

（1）杜邦分析法的公式

杜邦分析法的公式如下：

净资产收益率＝总资产净利率×权益乘数＝营业净利率×总资产周转率×权益乘数

(2-20)

第一，净资产收益率是一个综合性最强的财务分析指标，是杜邦分析体系的起点。

第二，营业净利率反映企业净利润与营业收入的关系，其高低取决于营业收入与成本总额。

第三，资产总额的结构影响资产的周转速度即总资产周转率。

第四，权益乘数主要受资产负债率的影响，反映资本结构。

（2）权益乘数相关问题

第一，权益乘数＝资产÷权益。

第二，权益乘数与资产负债率呈同方向变化，并且两者是可以相互推算的权益乘数＝

1+（1-资产负债率）。

2. 沃尔评分法

（1）传统沃尔评分法

选择七种财务比率，分别给定了其在总评价中所占的比重，总和为100分。然后，确定标准比率，并与实际比率相比较，评出每项指标的得分，求出总评分。具体公式为：

$$指标评分=标准分值×（实际比率÷标准比率） \quad (2-21)$$

传统沃尔评分法存在的问题，主要包括：①未能证明为什么要选择这七个指标，而不是更多些或更少些，或者选择别的财务比率；②未能证明每个指标所占比重的合理性；③当某一个指标严重异常时，会对综合指数产生不合逻辑的重大影响。这个缺陷是由相对比率与比重相"乘"而引起的。财务比率提高1倍，其综合指数增加100%；而财务比率缩小1倍，其综合指数只减少50%。

（2）现代沃尔评分法

一般认为企业财务评价的内容首先是盈利能力，其次是偿债能力，再次是成长能力，它们之间大致可按5∶3∶2的比重来分配。

现代沃尔评分法的特点：标准比率以本行业平均数为基础，在给每个指标评分时，应规定其上限和下限，以减少个别指标异常对总分造成不合理的影响。上限可定为正常评分值的1.5倍，下限可定为正常评分值的0.5倍。

3. 经济增加值法

（1）经济增加值（EVA）

$$经济增加值=税后净营业利润-平均资本占用×加权平均资本成本 \quad (2-22)$$

第一，经济增加值>0，则经营者为企业创造价值；经济增加值<0，则经营者在摧毁企业价值。

第二，在计算经济增加值时，需要对相应会计科目进行调整，如营业外收支、递延税金等应从税后净营业利润中扣除，以消除财务报表中不能准确反映企业价值创造的部分。

（2）经济增加值的优缺点

第一，经济增加值的优点：考虑了所有资本的成本，能够更真实地反映企业的价值创造，且实现了企业利益、经营者利益和员工利益的统一。

第二，经济增加值的缺点：①无法衡量企业长远发展战略的价值创造；②计算主要基于财务指标，无法对企业进行综合评价；③不同行业、不同规模、不同成长阶段等的公司，其会计调整项和加权平均资本成本各不相同，导致经济增加值的可比性较差；④如何计算经济增加值尚存许多争议，不利于建立一个统一规范，使得该指标主要用于一个公司的历史分析以及内部评价。

（二）企业综合绩效评价

综合绩效评价是综合分析的一种，一般是站在企业所有者（投资人）的角度进行的。

1. 综合绩效评价的具体内容

综合绩效评价如表2-2所示。

表2-2 综合绩效评价[①]

评价内容	财务绩效		管理绩效
	基本指标	修正指标	评议指标
盈利能力状况	（1）净资产收益率； （2）总资产收益率。	（1）销售（营业）利润率； （2）利润现金保障倍数； （3）成本费用利润率； （4）资本收益率。	（1）战略管理； （2）发展创新； （3）经营决策； （4）风险控制； （5）基础管理； （6）人力资源； （7）行业影响； （8）社会贡献。
资产质量状况	（1）总资产周转率； （2）应收账款周转率。	（1）不良资产比率； （2）流动资产周转率； （3）资产现金回收率。	
债务风险状况	（1）资产负债率； （2）已获利息倍数。	（1）速动比率； （2）现金流动负债比率； （3）带息负债比率； （4）或有负债比率。	
经营增长状况	（1）销售（营业）增长率； （2）资本保值增值率。	（1）销售（营业）利润增长率； （2）总资产增长率； （3）技术投入比率。	

---

① 本表引自全国会计专业技术资格考试辅导研究院编写组. 财务管理［M］. 上海：立信会计出版社，2021：337.

2. 综合绩效评价的计分方法

企业综合绩效评价分数=财务绩效定量评价分数×70%+管理绩效定性评价分数×30%。

在得出评价分数之后,应当计算年度之间的绩效改进度,以反映企业年度之间经营绩效的变化状况。计算公式为:

$$绩效改进度 = \frac{本期绩效评价分数}{基期绩效评价分数} \qquad (2-23)$$

绩效改进度大于1,说明经营绩效上升;绩效改进度小于1,说明经营绩效下滑。

第三章　大数据在企业财务管理中的应用

第一节　财务管理与大数据的基本关系

一、大数据时代下企业的财务决策框架

(一) 企业财务决策的基础

大数据对企业的发展框架、战略决策部署等产生重大影响。而财务数据对企业制定决策计划有着不可忽视的影响，所以企业制定经营决策不可避免地要严肃考虑企业的具体财务指标，获取企业资产、负债情况等。企业的财务情况对市场营销有着举足轻重的影响力，所以应站在企业层面对企业财务数据进行全面把握，才能给出最优质的决策结果。

在大数据时代背景下，企业的财务决策是以云计算为载体，通过多种现代通信网络媒介对企业以及有关联的信息数据进行收集，经过大数据处理和操作数据仓储（ODS）、联机分析处理（OLAP）、数据挖掘/数据仓库（DM/DW）等数据分析后，总结出他们的偏好信息，再通过各类决策工具处理，对企业运营中的生产成本、销售收入、产品定价、企业融资、资产管理等系列财务问题作出科学有效的决策。

(二) 大数据在财务决策中的应用价值

1. 提供公允价值支持，提高会计信息质量

海量数据来源的多样化、异质化，改变了单一渠道的信息来源局面，提高了估量计算的准确度，借助大数据，企业可以实时掌握市场经济信息，对各个领域的公允价值信息了如指掌。与此同时，实时监控市场信息，利用云会计功能自动捕获、处理、更新数据信息，从而确保财务信息及时、准确，规避信息不畅带来的系列风险和损失。

2. 集成财务与非财务信息，改善财务决策效果

只有将企业财务与非财务信息进行有效融合，才能做出科学合理的财务决策。传统的财务决策因过度依赖企业管理层的经验与直觉，因此不确定性极高。企业内部通常由多个业务部门组成，它们的划分依据是不同的市场和产品，在这样的条件下，显然单纯依靠管理者的经验判断，很难进行合理有效的资源配置，只有依靠数据分析才能改善这一情况。大数据有天生的数据处理优势，因此能够提取企业最新运营数据进行分析、计算，进而根据企业运营需求推演出合适的财务决策建议。通过大数据把财务与非财务信息高效融合，不仅能够制定行之有效的财务决策，还能减少部分因信息不全面带来的风险。除此之外，大数据在提取财务信息方面具有智能、便捷的特征，能够挖掘到更多利于决策的潜在信息，促进企业资源合理配置，提高企业运营效率。

3. 及时响应市场变化，实现预算动态管理

全面预算是指在以过去企业运营数据为基础的前提下合理制定预算，对一定时期内的未来发展做出运营计划安排。但是，由于市场经济并非静态，企业单纯靠过去的数据做全面预算不能适应市场的动态变化，通常只是限于纸上的理论，并不能实际运用于企业运营。大数据的作用此时得以凸显，企业能够利用它及时获取消费群体的偏好，也能实时掌握产品的成本、价格等基本信息，从而科学高效地实现全面预算管理，使企业个性化经营落到实处，增强自身应对市场风险的能力。

4. 多渠道获取数据，实现精准成本核算

企业应对运营数据进行收集、加工、整理以及成本核算。大数据产生之前的成本核算是会计人员在产品生产后，将这一时期的生产成本等费用进行汇总结算，然后按照生产情况做出详细分配。大数据的出现，促使企业获取成本数据形式多样化，企业不但能够实时统计生产数据、成本费用等，还可根据各种情况变化及时修改生产方案、材料用量等。企业从业人员的工资情况、进销存单据、生产制造费用等运营数据都可以通过信息平台实时共享，使企业决策层能够因此做出更加精确合理的成本预算。

（三）大数据下的财务决策框架

大数据下的财务决策框架由四个部分组成：数据来源、处理、分析、财务决策。他们自下而上互为支撑，共同组成一个完善的财务支撑体系。企业财务决策的数据主要来源于各个部门，它们可以分为四种数据类型：①结构化数据，通过数据库和 XBRL 文件的形式存在；②半结构化数据，产生于各类机器和社交软件；③非结构化数据，以图片、文字等

形式存在。

上述数据以云计算平台为载体通过两种现代通信网络进行收集：①物联网，顾名思义，它在企业生产经营过程中将各类环节产生的数据进行收集整合而形成一个整体，借助云计算平台送入数据库；②互联网、移动互联网和社会化网络，也是以云计算作为平台，把企业运营过程中产生的各类数据实时收集、分类整理后以不同格式的文件存在，或者存储于 HDFS（分布式文件系统）和 NOSQL（非关系型数据库）中。通过上述网络媒介实时采集企业的运营数据，不但能够保证信息数据的真实性，还能提高财务数据的精确度，使企业做出高效决策。

数据处理层主要是采用 Hadoop、HPCC、Storm、ApatchDrill、RapidMiner、PentahoBI 等软件，对企业收集到的庞大数据进行筛选，提取有用信息，同时把各类运营数据进行融合。数据分析层主要是通过专业软件，在经过处理的大数据中筛选、提取、分析有用数据，把企业作为中心，向外辐射性覆盖其他各类相关部门的数据，分析其中价值较高的偏好信息。企业经营管理者做出的财务决策一般会借助各类支持工具，如文本分析和搜索、可视发现、高级分析、商业智能等，结合收集到的偏好信息，对企业运营中的产品研发、生产成本、销售收入、产品定价、企业融资、资产管理等系列财务问题做出科学有效的决策。

基于大数据做出的财务决策不仅对企业运营有极大益处，也能为其他各类相关部门提供数据支持。以云计算为平台，通过各种网络媒介收集、处理数据，不将企业经营管理产生的数据存储于自带服务器，而是存于各大云端，不仅便于财会审计工作的开展，还能科学地保存数据，使结果更趋真实。另外，企业生产经营产生的各类数据还能随时接受相关部门的实时监督，从根源上杜绝了企业各种腐败行为的滋生。

二、大数据时代下的无边界融合式财务管理

（一）无边界融合式财务管理的含义

现代网络信息技术的发展，以及企业经营管理模式与理念的变革，使得企业逐渐打破边界壁垒，业务量不断扩展，财务管理的覆盖面以及影响深度不断加大。在这样的时代背景下，企业的发展必须根据市场及环境的动态变化做出相应的革新，尤其是财务管理，需要与其他业务领域、部门等深度融合。

企业在生产经营管理过程中，会根据各方面需求，划分为多个业务部门，而要将有限的企业资源合理地分配到各个部门，决策者仅仅通过经验判断很容易出现配置不合理的情况，因此必须基于客观数据做出决策。大数据技术是通过对企业经营产生的最新数据进行

收集计算，利用先进的加工处理技术，对海量数据进行深度挖掘，为企业制定发展战略决策提供有力支撑。

通过大数据技术进行企业各方面信息的融合，不但有利于更加科学高效地制定决策，也能在最大限度上避免财务风险。除此之外，大数据技术还有一个便于快速提取信息的智能化功能，通过对数据进行充分挖掘，可以获取隐藏的具有高价值的信息数据，从而辅助企业更加科学地进行资源配置，提高企业财务管理效率。

无边界管理理论的真正含义是企业各组织之间、与外部环境之间，最大限度地有机融合业务活动等，有一定渗透性，以便于在各种影响发展的动态因素出现时有足够的应对能力。无边界融合是财务管理要求以企业的战略目标为基础，打破边界壁垒，跳出现有管理模式框架，改变思维，将财务管理渗透到企业活动的方方面面，加强与各部门之间的沟通，通过与各部门之间的高度融合，促进企业实现最大收益，保持长效稳定发展。

（二）打破财务管理的边界

1. 打破财务管理的垂直边界

企业的垂直边界指的是企业各组织之间按照层次级别进行严格管理。传统的管理架构往往具备森严的等级划分，每一层次每一级别担任的职责都不一样，虽然这种模式易于进行行政管理，但也极易形成边界，影响信息传输，导致数据传递具有滞后性。

而要实现上述管理模式，企业便要构建一个具有高度凝聚力的团队部门，上级与下级之间能够进行顺畅的沟通，高度团结，高效协作。除此之外，企业管理层级越少，越容易进行管理，企业内部人员之间关系越紧密，工作氛围越好，越有利于企业创新意识培养。

2. 打破财务管理的水平边界

水平边界指的是企业内各部门间的分界线。财务管理的水平边界即指财务部门与其他部门的管理边界。具有一定规模的企业往往会具有多个部门，诸如技术部、生产部、经营计划部、财务部、人力资源部等。这些部门往往是根据自己的专业领域进行分工的，受专业的影响，各部门分工明确，这导致各部门管理上存在明显的水平边界。各部门工作人员在自己的岗位各司其职，久而久之，部门工作人员可能会更多地考虑到自己部门的利益，很难顾及企业的整体利益，时间长了，企业部门间便可能出现矛盾。为冲破水平边界，财务部门可与各部门进行信息交流，这样一来，可实现企业业务链和财务管理的同步。比如在企业内部，组建不同部门人员参加的工作团队，组织部门间的工作交流，对于无边界模式管理，这是一种很有必要的尝试。

3. 打破财务管理的外部边界

传统的企业关系主要是竞争关系，随着全球化经济的进程，人们发现，以往自力更生、独立自主的企业生存模式已不复存在。如今，多数处于一条价值链的企业都成为合作伙伴，通过合作、互利共生的经营方式，使得价值链上的各大企业均受益不小。财务部门是企业管理中较为重要的部门，财务管理不仅仅是狭义的内部资金管理，还要与价值链各大合作伙伴进行交流，实现价值链上的财务整合，为企业的发展提供更便捷有力的帮助。

4. 打破财务管理的地理边界

随着企业的发展，规模不断扩大，加之全球化经济的到来，企业的各部门也会分布到不同的地理位置，公司财务部门也难逃分散的问题。而为了方便管理，统一战略和节约成本的需要，逐步演化出了新的管理方式，实现财务共享。即把企业中的各个部门某些重复性财务业务发往共享服务中心进行处理，帮助企业将有限的资源和精力专注于核心业务，创建和维持长期的竞争优势。

（三）无边界融合式业财融合下的财务管理体系

业务和财务融合不是简单地进行人员重组，其前提是企业已经对业务人员以及财务人员进行过全面培训，且企业已具备完善的信息化体系，以企业文化价值为导向，对财务流程进行科学重塑，将财务管理全面融合到企业活动，通过两者高效联动对企业决策提供数据支撑。企业还应制定有效的考核制度严密监督、激励业财团队，使企业价值文化始终贯穿于企业经营所有业务活动，确保企业价值目标顺利实现。

1. 以价值文化为先导的目标融合

传统的企业管理以追求最大化的企业利润与股东价值为目标，经过发展，现在已经过渡到以追求企业价值为目标。即使业财融合成功实现，企业的价值目标依然要始终贯穿于所有经营活动中。财务管理要始终与企业的发展战略决策保持同步，最大限度地提升财务管理水平、扩展业务影响深度。财务管理还应始终以财务文化为指导，它的存在意义重大，是企业文化的精髓之一：一方面，能起到指导方向、凝聚人心、激励员工、约束行为、教化思想等重大作用，有力推动企业财务管理进一步发展；另一方面，能间接凸显企业价值，始终与企业的价值目标保持一致。因此，企业文化是实现企业价值的重要驱动因素，业财融合要始终以实现企业价值文化为指导，以便为企业制定战略发展目标提供动力以及政策支撑，使企业能够最大限度地发挥服务等系列功能。

2. 以业财联动为纲领的流程融合

业财融合指的是将企业开展的业务信息和财务信息充分融合，使财务信息深度覆盖企业经营的方方面面，要做到这一点，需厘清财务流程，使两者能够同步进行，必要时能够相互转化。财务预算是开展财务流程的第一步，也是企业经营活动的开始，深度融合预算与预算流程，有助于制订科学合理的预算方案；实现收入是企业经营的最终目的，在业务流程中居于核心地位，各个业务环节的收入应及时收集并汇总，从而建立风险地图实时全程监控，进行收入保障；成本管控是财务流程中不可或缺的一环，不仅能够使财务管理更加精确，也能实时监控生产成本，对资源进行合理分配；资产是企业经营的支撑，将资产管理深入融合到业务流程，可以全面了解企业资产的分配和应用情况；风险控制全面深入企业业务流程，符合全面风险管理的要求，从实施预算、成本监控、资产分配、预防风险等各个方面出发，不仅能够全面监管企业运营状况，还能成为企业决策部署的支撑，切实保障企业财务管理等高效运转。

（1）预算管理。预算管理的终极目标是提升企业价值，它应以企业整体价值链为基础，建立合理的预算体系，便于实施全面管理。首先，确立长远的战略目标，以战略为指导方向，将确立的战略目标逐级分解、层层分配，全面、详细落实到每一个业务规划，明确责任中心和实现期限，将理论变为可操作的实践。其次，预算管理应精准找出企业经营中的增值活动及其积极影响因素，合理分配企业资源至增值活动。再次，预算管理要详细到企业运营的每一个环节，能够清晰反映不同的业务活动的关联点，企业经营强调用业务活动促进预算，进而实现高效预算管理。最后，预算管理要与企业运营中各项要素变化同步，便于及时修改预算方案或业务流程，以此保障顺利实现企业战略目标。

（2）收入保障。收入是企业运营状况的最有力证明，收入保障是在企业经营业务流程和财务数据的基础上进行的数据监控、加工、整合等活动，目的是找出可能导致企业收入损失的风险因素，并针对此制订相应的预防、控制以及改进方案，把收入损失控制在最小范围内。把企业财务与业务管理融合后实施收入保障更有价值，相关管理团队通过找出业务流程中出现的具体财务方面的问题，进行风险预测，能把收入环节出现的风险点深度挖掘出来，再通过完善流程、增强系统支撑力，把"失血"问题有效解决，有力防止收入损失，实现企业收益最大化。

（3）成本管控。近年来，大部分企业已经逐渐发展成熟，它们不再像成长期时只盯着眼前的利益盲目扩张、疯狂提升收入，而是更加注重企业效益与靠创新维持长效发展。企业要想获得长效发展，必须永久保持核心竞争力，而要做到这一点，需要实施成本管控，贯彻落实以最低成本换取最高效益的发展战略。业财融合后，企业的成本管控更加细化、精准，且始终贯穿于业务与管理活动的各个环节。在对业财融合进行全面了解时，财务人员及时把业务成本具体细化，对成本松弛点有敏锐的意识并迅速找到它，针对此提出最优的成本管控方案。另外，企业财务活动与业务活动借助信息网络深度融合后，相关部门通过成本分析系统共享信息，配合更加默契严密。

（4）资产管理。资产管理水平与其利用效率成正比关系，提升资产管理水平才能增加其利用效率，进而有效提升企业价值。例如，合理管控固定资产可以使企业实现低投入高产出；提高金融资产的管理水平能使企业最大限度获利于金融市场。业财融合的成功实施使企业会计等相关人员能够在财务活动过程中全面掌握企业的资产情况，进而提升资产管理水平，即提高资产利用率，在企业资金周转时能够提供优化建议。

（5）风险控制。一方面，要与业务活动紧密联合，最大限度发挥监督职能，及时发现企业经营各环节产生的问题，并通知到各部门协作处理解决；另一方面，要加强对风险的管控能力，不仅要求企业内部风险管控，还要求能处理跨区域、跨部门的风险问题，积极有效促进整改。业财人员要共同组成风险管控主体，形成管控体系，自上而下厘清风险关联点，以提高企业效益为目的，保障企业高效运营。

3. 以决策支撑为核心的系统融合

企业是否良性运行，直接由企业的财务数据以及收益体现，它们是企业向着战略目标发展的重要依据。不同于传统的财务管理方式，企业财务与业务深度融合后要求企业必须借助信息网络的技术手段实现实时、全面的财务管理，进而提升企业决策的科学性与可操作性；有效利用信息技术达到自动化数据生成处理，建立完善的支撑体系，使财务与业务数据完美对接、顺畅共享，为企业打造科学全面的数据化管理平台。

4. 以业财团队为保障的人才融合

企业能够成功实行业财融合的重要保障之一是专业的人才队伍。这不仅要求财务人员有丰富的专业知识储备，还要有高超的业务能力、沟通能力以及团结合作的共赢意识。为了保障人才供给，企业需加大人才培养力度，内部技能宣讲会、专业知识竞赛、季度考核等方式都能有效加强业务人员的能力，为成功实现业财融合提供有力保障。

5. 以绩效考核为激励的制制度融合

绩效考核制度对企业实行业财制度高效融合意义非凡，不仅能够对业财融合过程提供监督，还能最大限度地激励团队人员。由于业财团队的人员来自企业的财务部门与业务部门，因此考核应由这两个部门共同执行。如此一来，对团队人员就是双向领导下的双向考核制度。这种方式不仅有利于提升业务人员的专业技能，还能加强团队合作意识，共同为企业提供强有力的财务数据支撑。

总的来说，在大数据时代背景下，财务管理要求能够最大限度实行无边界融合，借助信息网络技术创新管理思维,提高业务效率。在此基础上,企业应有一定的体系创新、优化能力,消融各部门沟通障碍,突破专业屏障,从效益、资源和程序等多角度、多维度进行体系完善,把财务管理与企业经营管理高度连接,从而保证财务管理能够为企业提供更加精细、精准的财务数据,高度支撑企业实现效益最大化。

第二节　大数据时代的企业财务管理体系构建

"财务管理在企业整体中发挥着不可替代的作用,关系到企业的经济效益,企业需要着重考虑多个风险要素,坚持以风险为导向,加快财务管理体系构建,增强企业风险防控能力,进而实现稳健发展。"[①]

一、大数据对于传统财务管理体系建设的影响

第一,一定程度地提高了企业的管理能力以及预算分析能力。企业在发展环节财务管理工作发挥了引导性的作用,将直接关系着企业的发展方向。在财务管理过程中企业分析能力的高与低,将给企业的经济管理水平以及发展决策的合理性带来直接影响。因此,在利用大数据相关技术时必然会一定程度地提高财务管理人员预算分析能力,从而为企业领导人员带来决策上的辅助,并提供方向上的指引,为企业带来更高的经济效益。在此大数据技术不断推行的形势下,企业在财务管理过程中有必要建立完善的财务管理体系,并利用云计算等技术手段潜在地提高财务管理人员的数据分析能力,还可在财务管理过程中不断总结并归纳相关的会计信息数据从而增强其预算分析能力,使得所分析的结果更加准确,预算数值也更加科学,从某种程度上来讲还将增强企业的竞争力。

第二,将一定程度地提高企业数据处理效率。以往的传统财务管理模式已经不适用于现阶段的企业发展甚至会给企业带来阻碍。众所周知财务管理过程中将会涉及大量的信息数据,这些数据不仅繁杂,同时在处理过程中也要求必须做到准确、真实。如果仍旧运用手工记账的数据处理方法必然会降低财务管理效率。此外,也很难保证财务数据分析的准确性与真实性,不但耗费了人力与物力,还将增加财务管理成本。而在此大数据时代背景下,企业在实施财务管理过程中,仅需利用大数据技术,即可对庞大的财务信息数据进行处理以及分析,对以往的手工记账管理模式加以改革形成了全新的管理理念。在此过程中,财务管理人

---

① 吴鸿娇. 基于风险防控导向的企业财务管理体系构建 [J]. 财会学习,2023 (10):42.

员仅需利用大数据技术将数据输入到财务管理体系中，并确保数据处理过程的规范化与秩序化，即可确保财务数据处理的效率，还能保证此项工作持续性的开展，大大提高了财务管理水平。

第三，减少了企业运营环节的风险。当下企业的运营以及发展过程中所面临的竞争压力不断增加，如何在市场环境中长远化地立足已经成为企业领导人员必须思考的问题。值得一提的是，企业的经营过程中常伴随着各类的风险，如若未能解决这些风险，那么必将成为企业发展过程中的阻碍。基于此，笔者认为可利用大数据技术建立企业信息共享平台，实时跟踪财务信息数据，如若发现其中存在异常，就要针对性的分析，而后明确风险类型制定针对性的解决方案避免风险因素扩散。此外，建立完善的信息共享平台，还可以有效分析并预测风险的发生规律。财务管理人员在对会计信息数据进行分析后，加强与企业领导人员的沟通，为其投资决策提供建议，这样可减少企业经营风险或削弱风险所带来的负面影响。

二、大数据时代下企业建设财务管理体系的方案

（一）及时更新企业财务管理理念

在此大数据时代背景下，企业的发展过程中应当紧跟时代的发展形势，而后针对已有的财务管理机制结合自身的发展情况不断地完善，使之更加系统化。此外，企业也需意识到财务管理体系的作用，将此项工作落实到实践中，有效利用大数据技术，逐步探索并构建适合企业自身发展的财务管理体系，并为财务管理人员所利用，为企业日后的发展奠定基础，还能逐步提高企业的财务管理效率，潜移默化地增强企业的核心竞争力。

（二）构建企业财务管理信息制度

若想建立完善的财务管理体系，就要提供制度保障，使财务管理人员意识到管理信息平台的重要性，在工作中肩负自身职责，完善并整合企业内部各个部门的信息数据，再针对企业的发展方向掌握市场变化规律，帮助企业领导人员建立健全财务管理信息制度。制度中应当具有详细的要求，明确提出各岗位的职责，出现问题后也可实现责任落实到个人，促使财务管理工作更加规范、有序，营造良好的运营环境。

（三）建立企业财务管理信息平台

第一，需要搭建部门交流平台。要求企业内部各个部门均参与其中，加强部门之间的

协作与交流，及时发现企业运营过程中的问题，还能对财务管理过程进行监督并针对异常情况提出解决方案。

第二，建立完善的数据系统。财务管理过程中将会涉及诸多的会计信息数据，此外其他部门的日常工作中也会产生许多信息，要求对这些数据实施集中处理，所以，建立统一的数据平台尤为必要。确保企业数据处理的准确性与高效性，同样利于内部管理人员的对比分析。

第三，构建公共信息平台。将企业运营过程中极具应用价值的数据公布在此平台上并设置权限，以供管理层以及企业领导借鉴与参考、及时利用并调取这部分数据，同时维护数据信息的安全性避免数据泄露。

第三节 大数据视域下企业财务管理创新

一、大数据时代企业财务管理创新的必要性

企业只有不断创新改革才能够得到发展的机会。随着我国经济飞速发展，许多企业的业务量逐渐增加，从业务种类到业务数量都在根据市场的需求不断调整变化；同时企业实现了跨区域、多样化的发展趋势。在这种情势下，很多企业因急速扩张而出现问题，即业务发展多但不精准、组织结构混乱且分工不明确、工作人员工作水平参差不齐、管理体系出现问题等。这样复杂的情况下，很多下属企业无法为财务提供相应准确的数据信息，在财务调取数据时也因为其混乱而导致信息的错误获取，这无疑给财务管理带来了较大困难和压力。企业要想在竞争激烈的市场中获得生存与发展，首先就要适应社会的发展规律和需求，建立现代化信息管理方式，创新企业财务管理模式，以此适应公司内部对信息的管理以及对外资讯收集的需要。

公司通过采用大数据分析等信息技术，能够有效地提升财务数据信息在公司内部的流动速率，从而提高了公司内部对外部环境信息的敏感度，利用信息化财务分析方法，能够更及时地对外部环境信息进行处理，从而帮助企业抵御潜在的危险隐患，提升企业的综合竞争力。另外，经济全球化发展进程逐渐加快，受众对产品、服务的选择性更多，覆盖面更广，这就为企业发展带来改革思路和目标。个性化、定制化产品服务应运而生。当前企业发展将用户所需、用户所想、用户所要作为开发核心，将受众的需求放在第一位，充分提升受众的体验感和幸福感，抓住受众的消费心理，让自身产品为受众提供专门性服务成

为今后企业发展的重要理念。

当前，国内外的产品、服务，受众通过一部手机就可以浏览、询问、下单购买，可以说这样的趋势对企业的要求更高。企业需要更多客户关注自己、了解自己，对自己的产品及服务有更加全面的认知，受众也希望能够在最短时间内找到适合自己的产品、服务，且质量要高。这成为双向的选择和决定，大数据可以为两者提供相应的数据。通过大数据技术分析，企业财务管理可以通过数据分析出企业的现有受众、潜在受众和发展受众，对受众的喜好、目标进行准确分析，从而建立专业的定向投入，这样企业就可以锁定客户群进行定向培养和发展。因此，跟上时代步伐是企业得以发展的保障。企业财务管理工作对企业的生存与发展至关重要。对企业财务管理进行创新与革新是社会市场的实际需要，是企业自身改革发展的必然趋势，企业要顺应这种发展趋势，并根据其发展方向不断更新，这样才会真正体现出财务管理的重要性，体现出大数据时代背景下财务管理创新的价值与意义。

二、大数据时代企业财务管理创新发展的策略

（一）重新定位、理解大数据

企业要改变传统的意识观念，用发展的眼光重新认识大数据。企业管理者应该拥有对未来的视野格局与规划，明确大数据发展是企业未来经营的关键方式，公司的良性经营必然离不开大数据技术的支持。因此，公司要在观念上认识、理解大数据能够为企业带来的效益和发展潜力，其应当不断更新财务管理的思维逻辑、理念和相关方法，推动财务信息化发展。大数据的优势主要体现在财务管理当中，为财务的专业化、科学化、精确化保驾护航，为企业的决策和发展提供真实有效的财务数据信息。公司财务管理部门要创新思路，对大数据发展有更正确的认识，将与时俱进作为工作基调，根据企业的实际情况合理地对大数据进行分析运用；并通过对信息的深入研究，得出更富有意义与价值的财务报告，为企业作出决策提供有力的数据保障。

（二）大力发展财务管理信息化

企业要对财务管理系统进行统一规划和安排。财务工作是一项非常复杂的工作，涉及的内容非常广泛，对企业的自身发展具有重要影响。企业要做到统一财务信息管理系统平台，根据企业的实际情况和需要制定"专业化、独有化"的系统平台，将平台的分支权利下放到不同部门，根据内容和时间制定上报规定。企业要在系统中明确规定不同部门应当配合提供的数据，由财务管理进行汇总与核实，在统一系统平台管理的基础上加强各部门

之间的配合与协作，提高工作效率，实现财务管理工作由量到质的根本性转变。平台的统一可以加强各部门之间的信息共享，在保障安全的情况下信息公开化、透明化，使财务管理工作更加流畅、顺利。

（三）构建完善的风险评估机制

财务数据对于公司的生存与发展非常关键，因此其安全问题也值得深思。公司要做好数据安全，对所有资料的数据来源进行分类管理。公司要不断完善数据管理体系并提升数据安全的防控运用能力，防止错误操作造成数据外泄，防止公司数据受到非法收集和篡改。另外，公司要做好信息数据安全性的保护，确保数据和使用渠道的高安全性。企业要利用高端技术对重要信息进行保密管理，提升数据管理的专业能力。同时，公司还应建立完善的信息化数据安全管理中心，运用好多网络信息技术、大数据技术等先进信息技术的同时做好对防火墙技术、病毒防御技术、黑客反侵入技术等的有效运用，同时建立健全数据管理体系，以实现大数据技术有效使用的高安全性。企业应当主动提高经营风险意识，根据各种经营风险管控点制定适当的经营风险制度，对其进行全面掌控。一方面，企业要提升财务管理工作人员的风险意识，落实好预测、评估与处理财务风险的有关工作；另一方面，企业要设置专门的风险管理机构，用大数据信息技术对风险进行测评和管控，建设专门的信息风险评估系统，将专业系统化的风险评估与实际的财务情况进行结合。最后，企业要根据整体财务趋势做出专业性、合理化决策。

大数据时代下的企业依托于信息技术，信息技术为企业今后的发展趋势提供了客观技术保障。在市场环境日益复杂的情况下，企业要改变自身发展思维，将财务管理工作重视起来，利用大数据技术提升企业管理质量和核心竞争力，不断创新企业财务管理模式，能够根据反馈数据及时进行经营策略、财务管理方式的调整和创新，最大化地降低经营过程中的风险。

第四章 大数据在企业风险管理中的应用

第一节 大数据在风险识别和管控中的应用

一、大数据环境对企业财务风险识别与管控的影响

（一）对企业财务风险识别的影响

1. 大数据收集

企业财务风险识别工作是基于有效数据的基础上开展的。大数据环境下，企业被海量、冗杂的活动数据包围着，如何快速在海量数据中收集到对企业有效的财务信息就略显困难。企业面对各种渠道获得的数据：①分析渠道的有效性；②分析获取数据的精确度与相关性；③获得关联方数据。这种关联性主要体现在财务与业务数据相关联，企业内部数据与外部数据相关联。可见，以上环节的大数据收集流程必然对企业财务风险识别工作提出更高的要求，导致财务风险识别工作量的增加。

2. 大数据处理

大数据处理是企业财务风险识别的重要环节，关系到后续大数据分析的准确性与可行性。大数据环境下，大数据处理技术不断完善，企业需要将大数据技术应用于现有的企业管理软件中，提高企业数据处理能力。通过大数据处理技术发现企业主体之间的关联关系，挖掘企业主体之间的未知联系，识别企业风险行为，从而对企业风险进行正确评估。注重大数据技术与企业现有信息系统的融合是企业财务风险识别工作首先需要解决的问题。

3. 大数据分析

大数据环境下的企业财务风险识别区别于企业传统的财务分析，它采用多维度的数据分析模式，经过精细化实时统计分析，注重过程分析，有效提高企业风险识别的效率效

果，帮助企业积极预防财务风险，扩展了数据分析的应用场景。传统的企业财务分析主要集中于事后分析，通过企业报表反映企业的相应能力，数据分析结论应用场景体现在投资者、决策者等，该结论对于企业各运营部门应用价值并不高。而注重过程分析的实时大数据财务风险识别可以有效展示企业各运营阶段财务情况，该实时情况展示及大数据分析结论能够为企业各个运营环节提供数据参考，极大地扩展了数据分析的应用场景，提高了企业风险识别与管控能力。

（二）对企业财务风险管控的影响

1. 高管控效率

管控效率的提高体现在速度与质量两个方面：速度指企业风险识别与管控的反应力；质量体现在企业风险识别与管控的准确度。大数据环境下，信息技术不断提高，运算精度与信息加载速度日趋改进，能够做到实时深度剖析并出具参考决策。大数据环境下，对财务风险的评估不仅仅依据各项财务指标，而且将各种与之相联系的外部因素也纳入风险评估体系中，从而对企业财务风险进行全面评价，得出的风险评估结论更准确，更具针对性。

2. 改善管控技术

事务管控效率为先，技术为重。随着大数据技术的不断完善，可以应用于企业财务风险管控的各个环节，包括筹资风险识别与管控、投资风险识别与管控、经营风险识别与管控、现金流量风险识别与管控。大数据技术较传统的数据技术而言，在财务风险的预测与个性化决策等方面都有了很大改善。大数据技术将数据链与企业各阶段业务链紧密结合，实时分析与处理企业各种数据，提高企业数据应用价值。大数据技术与企业各个环节信息化技术相融合，助推了企业管控技术的不断改善。

3. 完善管控流程

准确预测财务风险的同时需要配备与之相适宜的风险管控流程，才能有效防范与降低财务风险，减少企业利益损失。大数据环境下，企业如何完善流程是财务管控工作的重点，将企业风险预警模型运用到企业各项活动中，为各部门提供有价值的参考信息。因此，企业需要重新设计管控流程，创建管控节点，将大数据分析数据实时反馈于流程中，形成管控循环网络，确保风险管控的实时有效性。

二、大数据背景下企业财务风险的识别

（一）筹资风险识别

企业财务管理的筹资环节风险主要体现在债务筹资和权益筹资的筹资渠道、筹资方式、筹资途径等决策是否合理，以及是否综合考虑了大数据环境中的相关因素。大数据环境下企业不仅要从财务比率进行风险识别分析，还要对比大数据环境下不同渠道的筹资金额对筹资风险的影响，从而准确剖析风险产生的原因与危害程度。

企业筹资风险是不合理的资产负债结构造成的，不同行业的资产负债率有不同的标准。基于大数据技术，企业要先明确该行业的最佳资本结构，在分析行业最佳资本结构的基础上确定本企业合理的资产负债率。如果本单位资产负债率高于既定标准，则选择借款筹资形式更适合，但借款筹资容易对企业造成利息偿还压力，产生不能按期清偿债务的财务风险。此时，企业可以通过大数据采集信息，确定速动比率的适当范围，通过速动比率识别筹资时期的财务风险。

（二）投资风险识别

投资风险产生于企业经营过程中，由于投资项目、规模选择不适或者投资周期预测有误等原因，造成企业无法收到预期收益或投资本金有损的情况。近年来，随着大数据应用效益的日趋提高，越来越多的企业愿意投资大数据项目应用在企业，通过大数据技术管控与分析投资流程与投资收益，降低企业投资风险，提高企业价值。

影响企业投资效益的因素有很多，包括企业所处的外部经营环境和企业本身的内在素质。企业所处的外部经营环境，主要指企业所在地的政治、经济及社会发展情况和相配套的服务设施建设等。当企业的外部经营环境较差时，信息沟通、原料供应、人力资源、生产秩序、产品销售等都将受到影响，企业投资会处于相对困难的境地，对公司投资效益造成不利的影响。企业的内在素质主要指企业领导者的素质与管理水平、企业的规模、产品的市场占有率及企业所拥有的资产数量、员工的工作热情和文化素养、生产装备的现代化程度、工艺水平和企业的外部形象等。

这些因素中任何一项的变化，将直接影响企业产品的生产和销售，影响成本的增减，从而直接影响企业的投资效益。综上所述，影响企业投资效益的因素错综复杂，需要充分利用大数据技术获取相关数据并分析，才能有效识别企业投资风险。

（三）经营风险识别

经营风险主要包括新产品研发环节的风险、采购环节的风险、生产环节的风险、库存不足的风险、应收账款发生坏账的风险、合同的风险等方面。由于企业在生产经营环节存在诸多影响因素，这些因素中很多是不由企业单方面决定的，需要收集各方信息综合考虑，因此，收集信息的能力与数据分析能力将直接影响企业的经营风险识别效果。大数据环境下，能够有效解决经营风险识别问题，在大量收集数据的前提下，利用大数据技术重组与分析有效信息，将提高识别工作的准确率。

（四）利润表风险识别

利润表是展示企业经营成果的报表，透过对收入、费用、利润的分析可以明确企业发展计划，判断营业收入、费用的合理性，通过大数据技术能够准确对企业收入、费用、利润进行趋势分析，以判断其收入、费用、利润趋势的稳定性，识别利润表项目是否存在财务风险。

（五）现金流量风险识别

现金流是企业能否正常经营与顺利发展的决定因素，现金流会对企业各项活动产生影响，严重的甚至会影响企业生存。如果一家企业投资活动的现金流量长期为负值，表明企业一直在投资，需要应用大数据技术严格对投资风险进行识别。如果企业现金流量在一定区间内变化幅度较大，甚至出现负值，那么管理者需要考虑是否存在应收账款回收或库存积压等方面的风险。另外，这种不稳定性会对企业的可持续发展带来负面影响。企业现金流贯穿于生产经营的各个环节，现金流量风险识别尤为重要，在正确识别的基础上，企业开展的财务风险管控才有效率效果。

三、基于大数据技术的企业财务风险管控思路

（一）建立健全企业内部控制环境

1. 从信息化流程出发

建立健全企业内部控制环境可以从信息化流程出发，在业务流程中增设财务风险控制节点，风险高于设置值时进行提醒并由主管领导审批后才能进行下一阶段工作。办公信息化是企业提高工作效率的有效途径，也是优化企业内部控制的有效方式。将财务风险管控

渗透于信息化流程，做到实时识别，事事管控，将能大幅度提高企业财务风险管控的效率。

2. 变更组织机构

基于大数据技术优化企业内部控制环境，企业需要成立风险管理部门，明确管理部门的职责，树立企业风险管理意识，提高企业各个职能部门的协作能力。各个职能部门中尽量设置风险监督岗位或者指定专人从事相关工作，保证企业自上而下风险管控目标一致。

3. 优化财务管理模式

大数据时代是一个高效的时代，如果企业依旧沿用传统落后的财务管理模式，以人工手段收集财务信息，再对信息进行进一步的整理以及分析，那么势必影响企业的可持续发展。传统的财务管理模式用时长，精度低，制约着企业财务风险识别与管控的效率，短时间内对企业绩效造成影响，长期则影响企业的生存发展。可见，企业应优化财务管理工作模式，提高财务人员对大数据管理技术的运用能力，调整管理节点，建立良好的信息收集与沟通系统，发挥财务数据融合性特点，有效提高财务信息共享率。形成财务业务一体化的紧密信息网，促进企业健康发展。

（二）基于大数据技术的企业财务风险预警机制

1. 将财务风险预警机制应用于现有信息化平台

财务风险管控不是某一部门的事情，而是需要各个部门共同参与。那么，财务信息在各部门的实时传递与反馈尤为重要。利用信息化系统能够有效解决信息传递问题，信息化平台下的财务风险预警机制能够实现企业迅速传递、处理、分析财务数据，提高企业的工作效率，加强企业各部门间的协作性。

2. 创新财务数据风险预警机制

大数据时代，企业财务风险预警机制逐渐向网络化、智能化的方向发展，企业需要不断提高大数据的处理能力，重视财务风险预警机制在各部门的应用，处理好财务数据与业务的衔接关系，根据企业现有条件完善企业信息化管理流程，建立符合行业规律与企业自身发展目标的财务风险预警机制。

创新财务数据风险预警机制，主要表现在符合自身发展与管理方式创新两方面，符合自身发展的风险预警系统可以选择定制与自己研发两种方式。采用信息化管理方式，利用大数据技术处理财务风险问题，并根据企业自身需要设立相应职能部门，便于及时规范各部门人员的行为，有效保障企业财务风险管控工作的顺利进行。

（三）建立健全企业大数据管控机制

1. 数据及时更新与整理

大数据时代，数据量巨大并且递增速度极快，企业要想在庞大的商业环境中促进自身的运营，需要做到数据的及时更新与整理，确保数据分析的有效性。在有效数据的前提下进行财务风险的识别与管控才能保证企业运营的效率，对于分析的数据需要及时更新与分类，将最新的数据应用于大数据分析中，才能有效预防财务数据的风险。

大数据能够对企业营商环境产生极大的影响，数据的有效性更是决定企业经营成效的保障。大数据最重要的特点在于它能够聚合闲散的信息，通过整合与深入挖掘寻找共同点。企业是否能利用大数据优势，对有效数据进一步挖掘，是企业能否适应大数据时代的关键所在。大数据能否及时更新是衡量数据有效与否的重要指标，在企业财务风险识别过程中应用有效的大数据是企业更好地适应大数据时代的突破口。

2. 数据安全

网络环境中，安全至关重要，企业需要格外注意数据安全管理，防止数据信息泄露对企业产生不利的影响。企业需要充分应用大数据技术，重视数据安全防护，实时全面排查数据漏洞，建立数据防护体系，提升数据库安全。大数据时代，数据价值即为企业价值，忽视数据安全会给企业带来严重的风险，甚至影响企业的生存发展。

数据规模越大，企业风险越大。企业每天产生各种各样的数据，绝大多数都涉及企业机密，其中包括企业交易信息、客户信息、位置定位、联系方式等，这些信息如果泄露，将会给企业造成巨大损失。

综上所述，基于大数据技术企业财务风险管控需要从多角度出发，不断提高企业风险防范意识，提升企业风险防范能力，以便及时发现企业财务风险并有效降低风险影响值，对企业的可持续发展起到保障作用。

第二节　大数据在财务风险预警中的应用

一、大数据技术及对其对财务风险管理模型的支持性

第一，海量数据分析成为可能。高质量的财务风险预警需要以海量数据为基础，在现

有预警机制下，数据的维度不足，对非财务指标的利用程度不够，导致预警质量无法满足企业需求。海量数据分析需要大量的时间和成本，很大程度上制约了财务风险预警模型的使用。大数据技术可以有效改善这一弊端。大数据的对象是总体样本数据分析，不是抽样，涵盖了人机互动产生的所有数据。大数据可以高速分析海量数据，对解决当前财务预警模型的滞后反应性和拓宽适用范围有很大帮助。

第二，大数据技术得到的数据更加客观。人机互动产生的数据是大数据的主要来源，用户们在互联网世界产生的数据痕迹，并不是有意识留下的数据，这些数据相比于人们去选择的用于预测指标的数据会更加客观。从社会学角度来看，获取数据的无意识性越强，数据就会越客观，那么分析得出的结论也就越会接近事情的本质。危机的属性就是让人出乎意料的，具备更强无意识度的信息会对财务预警分析有更重要的意义。

第三，大数据关注相关性。现有的财务风险预警模型关注的目标在因果关系，着手点是造成危机的原因，尤其是试错引入就是这种思维的运用结果。这种思维的运用最直接的后果就是指标的片面性。随着研究的进步与深入，财务风险预警模型的研究不能仅仅停留在因果关系这种思维模式上，应该拓宽思路，考虑事物的相关性。大数据分析因为其研究对象的全面性就正好符合这一点。

第四，拉低人为修改数据的影响。企业产生危机的原因很有可能是会计舞弊和其他人为操控。在现有财务预警模型中，模型的预测指标明确，数据来源公开，数据样本相比于大数据样本规模很小。在这样的情况下，人为更改数据引发企业财务危机的可行性很大，并且成功性非常高。但是在引入大数据技术挖掘分析数据后，就会大大降低这种行为导致的企业财务危机发生的概率。因为大数据的分析对象是互联网上与企业相关的所有数据，数据规模庞大，同时也就是对企业有价值的，模型中真正需要的信息密度非常小。这种特征使人为修改在总数均衡下，对信息的价值影响非常小，可以避免仅依靠信息提供者而受到蒙蔽的现象。

第五，处理难以定量的非财务指标信息。在引入非财务指标建立财务风险预警模型时的一个主要困难便是，有些非财务指标只能做到定性分析，无法做到精确的定量分析。以网络舆情信息为例来说明大数据技术在处理这些难题时的优越性。企业员工的网上搜索信息，经常浏览的网页，企业发布的或者关注的对象，以及各种平台上发布的企业相关信息，这些留在网络上的不故意的足迹往往就会反映出一些企业的真实信息，而且这些信息是多样的，包含了企业方方面面的信息，也正是由于信息规模庞大，并且十分复杂，企业很难对其进行有效分析并且加以利用。但是大数据技术可以快速处理信息，把这些信息通过大数据的处理技术量化后引入到财务风险预警模型当中。大数据技术为我们解决了量化这一难题，在建立财务危机预警模型引入非财务指标的进程中迈出了一大步。

二、大数据环境下企业财务风险预警指标体系的构建

"市场的瞬变性与不可准确预见性，使风险成为客观存在。如果不能卓有成效地规避与防范各种风险因素的话，势必使企业的未来发展陷入严重的危机境地。"[①] 基于此，在大数据时代下，建立财务风险预警指标体系具有必要性。

（一）大数据引入财务危机预警模型的必要性

企业的利益相关者和企业接触后产生的反应映射到互联网上，如顾客对产品的满意度、产品质量、供应商的态度、投资方的态度、政策导向、权威媒体对上市企业的报道，还有自媒体以及行业专家的观点、评价和趋势预测等，网上这些大数据信息比通过公司公告、调查、谈话等方式获得的信息更为客观和全面。顾客、供应链伙伴、投资者、政府等相关者对企业产生不同的情绪，这些不同的情绪经过网络上交互过程中的聚集、排斥和融合作用，最后会产生集体智慧，这些群体智能反映企业的某种状态，这些情感倾向代表着企业的经营管理和财务状况等，一家公司如果能够对其进行专门化处理，将会产生重大的市场价值，为企业决策提供有利的帮助。财务危机预警模型中引入量化处理的大数据信息，将极大地提高财务预警的有效性。

（二）大数据信息的处理

网络信息所形成的大数据对财务数据的预测价值已逐渐呈现。将网络信息量化处理主要包含两个方面，一是大数据的获取，二是大数据的量化分析。

大数据的获取主要利用聚焦网络爬虫算法无监督地抓取网络中相关主题信息，同时可根据要求过滤掉大量无效数据，对网络信息进行数值化处理，将网页转换为纯文本文件。

大数据的量化分析主要是将网络信息所产生的大数据量化为信息量和情感倾向两个指标。文本情绪倾向主要基于财经领域词典进行企业信息的语义分析与统计，网络收集的大数据信息文本，先通过财经领域词典对比判断出文本内词汇的情感倾向，再经过算法统计得出整句或者整个文档的情感倾向。通过语义分析判断出网络在线信息文本的积极态度比例和信息数量，目前大数据指标主要包括情感值（积极态度比例）和信息热度（信息数量）两个子指标，并将其引入财务指标预警模型。

---

① 张延波，彭淑雄. 财务风险监测与危机预警 [J]. 北京工商大学学报（社会科学版），2002 (5)：60.

通过与财务指标的结合，对研究假设进行实际数据验证，发现引入大数据指标的财务预警模型相对于财务指标预警模型，在短期内对预测效果有一定的提高，从长期来看对预测效果会有明显提高，大数据指标在误警率和漏警率上比财务指标表现得明显要好，从而验证了在复杂的社会环境中，依靠大数据技术加强信息搜寻是提高财务预警有效性的重要路径。

第三节 大数据视域下的企业风险管理创新

一、企业财务管理的主要风险因素

（一）外部因素

第一，国家政策因素。国家政策的不断调整与完善是企业乃至行业经营、投融资及发展的风向标。当国家采取紧缩性货币政策，公开市场的利率会呈现走高态势，进一步会增加企业的融资成本；若国家采取紧缩性财政政策时，国家会控制社会投资总规模且增加税收，这些情形均会对企业的经营产生不利影响，进一步考验企业自身运营能力，资本结构的合理性、资金计划的准确性等，增加了企业财务风险管理的压力及发生财务风险的概率。

第二，市场因素。当市场出现通货膨胀，市场的各项原材料及劳动力价格均会出现上涨，增加企业的生产成本及挤占企业的营运资金，致使企业通过贷款来缓解资金不足，而利率市场价格的上涨加重了企业的财务负担。另外，因通货膨胀会引发本币贬值，对已陷入财务困境的外贸企业更是雪上加霜。

（二）内部因素

第一，企业的营运资金及资本结构因素。企业的融资能力在一定程度上是企业扩大再生产及发展的先决条件。目前在我国，企业上市融资和发债融资门槛高、审批期限长，一般企业项目融资多会选择贷款融资。现很多企业存在贷款期限错配，借短融长等情况。当短期贷款到期后无贷可用或利率市场持续走强时，企业将会面临项目资金流断裂或融资成本资金增加，陷入财务困境，进而侵蚀企业的偿债能力和盈利能力。

第二，企业的内部控制和风险管理体系建设不完善。首先，企业对财务风险管理的重视程度不够，未将其列入企业发展战略，进而未搭建较为完整、科学及完备的内控体系，致使财务管理、项目投融资管理及运营资金管理等缺乏规章制度、标准操作流程及监督评价等内控机制。

二、企业财务风险管理的创新途径

（一）优化企业内部控制环境

企业的数据信息可以有效获取和高度集成，企业管理者和财务管理人员可以利用这些数据信息进行分析预测，寻求异常值，进行财务预警，控制和防范企业潜在的财务风险。站在企业内部控制与风险管控的视角，可以得到更全面的认知。企业发展离不开科学合理的内部控制制度，内部控制的基础便是控制环境。具体而言，可从以下四个方面优化企业内部控制环境：

第一，完善公司治理结构。公司治理结构从广义上而言，可以视作处理企业内部各种利益关系的制度和体系。完善公司治理结构可以进一步明确监督权力和职能，建设高效运行的监理会监督程序，使其监督权得到充分发挥。

第二，提升全体员工的风险意识和综合素质。风险防范及控制不仅仅是企业管理层、企业财务人员的责任，而且是全体员工的责任。采购部门、生产部门、销售部门都应树立起风险防控意识，自觉加入风险管理的工作当中。各部门还可以安排考核，评价部门内员工的综合素质和风险意识。企业内部形成合力，才能共同促进内部控制制度的建设。

第三，完善财务数据信息方面的内部控制环境。大数据时代，各种信息纷繁复杂。为避免数据冗余与数据重复，保障数据的准确性和客观性，企业需要将管理数据作为核心抓手。只有学会管理数据，才能高效利用数据创造价值，发挥财务人员"企业军师"的作用，协助企业管理者进行决策。

第四，促进技术、业务、财务的协调性发展。大数据时代背景下，技术对财务风险管理工作的支持程度越来越显著，只有促进技术、业务和财务的协调发展，完善内部环境，才能促进企业良性发展，实现价值增值。

（二）加强财务数据集成管理

企业面临海量信息，信息集成能力和处理能力的加强也是企业需要重点考虑的方向之一。如若财务数据的可控性和可信度降低，则容易造成财务风险的加剧。所以，企业需要加强财务数据的集成管理，减少不确定性给企业带来的影响。具体而言，可从以下四个方面展开：

第一，充分发挥财务数据的价值。在传统的企业运营过程中，企业编制财务报告往往遵循"确认、计量、记录"的基础规律。然而，由于信息不对称、技术手段限制、管理水平限制等原因，财务数据和与之匹配的业务数据并未发挥出应有的作用和价值，从而产生了数据处理效率低、收益差的情况。现今大数据技术的发展使得财务数据逐渐发挥出应有的价值，能够实现集成化、标准化。企业在今后的发展过程中还应加强数据集成管理，进一步挖掘财务数据的价值。

第二，重视第一手财务数据。第一手财务数据是财务分析和风险管理的核心数据。基于第一手数据，企业充分利用大数据技术手段进行加工和整理，发挥财务数据的多元化作用。而且，第一手财务数据可导入数据库作为源数据，后续添加各季度、各年度、各行业的财务信息，增强财务数据的可比性。

第三，推进财务数据的分类管理工作，提升数据的可识别性。大数据时代背景下，财务数据海量化、广泛化。为了加强财务数据集成管理，企业可以推进财务数据的分类管理工作，具体分类原则可按照企业生产经营特点、数据量的大小、数据间的勾稽关系、业务部门的联系性等原则进行。

第四，办公软件与财务共享中心结合使用。企业可以利用大数据技术构建财务共享中心，也可利用Excel等办公软件进行数据分类汇总分析，二者相结合可以有效促进财务数据信息的集成管理，从而在大数据时代理清思路，站稳脚跟，实现企业高质量发展。

（三）提升风险意识和综合素质

大数据技术给企业风险管理带来了机遇与便利，但是技术的利用往往需要与人力资源管理、企业战略管理相适应。如若财务人员的风险意识薄弱，大数据技术则难以发挥出应有的价值和作用。所以，提升企业全体员工的风险意识和综合素质至关重要，具体而言可以从以下两个方面展开：

第一，财务人员需要完善自我，积极促成"四个转变"：①在业务技能上实现从"单一型"到"综合型"的转变。大数据技术迅速发展，对财务人员的能力和素质提出了更高要求，财务人员不能仅仅停留于记账和算账，而应提升计算机技术水平和数据分析能力；②角色定位上从"报告型人才"向"智力型人才"转变。企业财务人员仅报告历史的财务信息，这已经无法满足大数据技术发展的需要和财政工作规范化的要求。应提升思想境界和认知层次，把自身角色定位为企业的风向标，为企业管理人员提供智力支持；③知识系统上应从"狭窄型"向"纵深型"转变。以往的财务人员知识水平相对匮乏，仅具备本专业、本领域的基本知识，而对运筹学、系统工程、计算机科学与技术等方面知识涉足不深。大数据发展是时代的红利产物，社会对财务人员的标准要求也会更高，知识的深度和广度显得尤为重要。财务人员需要注重知识的积累和拓宽，使自己成为复合型人才；④工作特性从"琐碎型"向"系统型"转变。以往财务人员的工作往往琐碎、多样，风险管理工作的推行也缺乏深度。大数据技术的发展赋予了"风险管理"科学性和系统性的特点，财会人员也需要充分利用计算机技术进行风险管理，而不应停留于琐碎的工作上。

第二，树立全员风险管理的意识，将风险管理工作视作全体员工的工作。在以往的认知中，风险管理只是企业高级管理层、企业财务人员的工作，与基层员工无关。随着大数据技术的发展，这一认知的弊端充分显现。大数据技术在风险管理中的应用克服了局部性、片面性的弊端，展现出充分的优势。企业采购部门、生产部门、销售部门都应将风险管理工作视为自身工作，完善考核和评价制度。如此一来，利用大数据进行风险管理工作才会更有实效性、更具广泛性，能够切实地给企业发展带来益处，促进企业健康稳定发展。

综上，大数据技术作为时代产物之一，被不少企业青睐，可以实现信息集中化、信息共享化、信息流畅化。大数据技术的发展给企业风险管理工作带来机遇和挑战，一定程度上为企业财务风险管理带来了便利，总体而言益处多于问题。企业在日常的运营管理过程中，需要趋利避害，充分抓住机遇，采取积极的措施迎接挑战，化解危机。企业需要优化内部控制环境、加强财务数据集成管理和提升员工的风险意识，巧妙借助大数据迅猛发展的条件，促进企业高质量发展，实现价值增值，从而实现企业的战略目标。

第五章　企业财务管理与风险管控的创新途径

第一节　基于财务共享的财务管理创新研究

一、企业财务共享服务的理论依据

（一）资源配置理论

资源配置理论，总体上来说就是企业将组织内部自身拥有的各种资源，以合理的规则进行配置，达到最大化、最优化地利用资源，使这些资源在企业的运行当中发挥最大的作用，给企业创造最大的价值。

财务共享中心就是对企业财务资源的重新配置，转变财务资源的现有形势，通过集中财务人员和财务核算工作的方式，达到财务核算工作的最大效率，为企业创造价值。

（二）委托代理理论

委托代理理论是指委托人为了实现自身利益，委托他人或机构，与代理方签订委托代理协议，通过代理人的优势来实现自身既定的一些目标，通常委托人会给予报酬或激励手段，而代理人则在激励奖赏下完成代理事项。委托代理在社会上的企业中是经常存在的，主要原因有两个：一方面，委托人在不断扩大生产规模，快速发展企业的过程中，一些专业性较强的工作跟不上企业的发展，如果不妥善处理的话会影响企业发展；另一方面，有很多专业性强，完成度好的代理人，能够帮助委托人处理好自身无法解决的一些问题，更好地发挥专业职能。

财务共享服务就是委托代理理论的一个实际运用，财务共享中心是代理方，集团内部的其他子公司、事业部就是委托方，通过高标准的财务职能代理，委托方将财务工作委托给财务共享中心，不仅得到了专业的服务，更是节省了人工成本，解放人才去其他岗位。

（三）规模经济理论

规模经济理论，指随着当代社会经济的发展，公司生产力水平在不断提高，有能力有潜力的公司在不断扩大自身的生产规模，当企业产品数量提升的时候，相对应分摊到每个产品上的成本就会降低。所以，扩充产能可以有效降低单位成本，提高企业净利润。

伴随着生产规模的扩大，厂家将有更多的资本投入到生产技术中，使得生产技术得到提升，企业规模也会逐渐扩大，职能分工也将逐渐专业化，推动着生产工具利用最大化。所以，通常在一个企业的内部资产、人力等生产素材使用率达到最高时，企业生产产品的单位成本也就会最低。

财务共享服务正是规模经济理论在企业财务管理中的应用，也是现代企业财务管理体系的重要发展趋势。财务共享通过将集团各个单元财务业务进行集中，对基础的、同质化的核算业务进行集中处理，形成固定的处理模式和流程，即可以少量的人工和设备，实现对整个集团核算工作的标准化生产。进而使得企业管理效率提升，实现收益增长，降低单位成本，达成规模经济。

二、企业财务共享服务的拓展思考

（一）财务共享服务向外包服务拓展

1. 财务管理服务外包的发展概况

（1）服务外包的发展与政府推动相连。服务外包和财务共享的出发点一致，对于我国来说，在相当长的一段时间里，其人力成本是远远低于西方国家的，因此，我国也成为服务外包的重要国家选择。此外，服务外包在我国的发展和政府的推动密不可分。由于制造业外包的低附加性，使得我国一直希望能够获得规模更大的、高附加值的服务外包业务，并陆续出台了一系列的政策以推动服务外包行业建设。正是二者的紧密结合、共同驱动，实现了服务外包在我国的快速发展。

（2）国内财务外包企业的业务以境外业务为主。国内财务外包企业的进入或者建立已经有比较长的时间，但长期以来，主要的商业模式是以承接跨国公司在我国境内的业务为主。这也是因为大量外资企业进入我国后，受到我国复杂财税环境的影响，难以通过境外作业中心处理中国业务，因而通过我国境内的服务外包商提供支持，则成为不错的选择。例如埃森哲、简伯特、凯捷等提供全球外包服务的企业均在我国设立外包中心，随着这些企业在中国的逐步构建，他们也开始尝试使用中国的劳动资源去承接跨国公司的境外业务,如亚太地区业务,甚至欧美的业务。这也得益于中国的区域语言优势,以及英语和小语种教育水平的逐年提升。

(3) 服务外包的人才供应增多。尽管政府在大力推动服务外包产业的发展,但仍然可以看到,在我国服务外包行业的实际环境中,人才的数量还是严重不足的。从管理学科来看,服务外包实际上处于运营管理学的范畴,但在国内,这一学科并没有得到很好的认知及建设,人才的培养主要是通过在实践中自我形成的。事实上,服务外包的人才需求分多个层次,包括战略管理类、运营管理类、技术支持类等,各层次的人才缺口都不小。但随着服务外包行业的发展,特别是多个产业集群地区的形成,在实践中培养的人员总体数量也在增加,一些大学也意识到这部分的市场供给空缺,开始有针对性地进行教育补充。部分社会机构也积极参与人才培训,特别是在基层运营和作业型人员的培养上发挥了重要的作用。

(4) 国内的财务外包呈现集群特征。财务服务外包在我国的发展出现了明确的集群特征,主要包括以大连为核心的渤海集群、以上海为核心的"长三角"集群、以广州为核心的"珠三角"集群。大连有日韩语言优势,上海有外资企业总部和英语及国际化的文化优势,广州则具备改革开放前期带来的政策红利。这三个地区在长期的发展中都积累了一定的优势,并且孵化了较多的服务外包企业。随着近年来东部沿海地区人力成本的持续上升,不少服务外包企业开始向中西部地区转移,如成都、武汉、合肥等地也逐渐具有服务外包能力,且这种集群转移的趋势正愈演愈烈。

2. 企业选择财务服务外包的因素

(1) 数据的安全性。财务数据是每个企业的重要信息,确保数据的安全性是所有企业都应重点考虑的问题。且不说开放给外部组织的安全担忧,即使在企业内部,财务数据对很多部门也是保密的。在这种情况下,企业自然而然会担心如果采用财务服务外包模式,是否会存在数据泄密甚至流传至竞争对手手中的可能。而实际上,人们确实很难去单纯地相信所谓企业的职业道德,在没有一套可靠的机制来证明信息安全,或者在声誉损失达到足以背书其信息安全时,国内企业是很难放心将财务数据交给一家服务外包企业的。

(2) 外包成本。国内环境中,企业自行进行业务处理的成本和服务外包模式下进行业务处理的成本差异并不大,因为其核心成本构成——人力成本并不会出现量级性的差异。在这种情况下,企业会考虑应当怎样合理控制外包成本——进行外包后的成本收益是否能够覆盖在此过程中付出的流程转移、日常管理、风险承担等一系列成本,是否会引发外包成本超出预期的风险。

(3) 企业内部知识与专业不受侵害。业务流程中蕴含了企业自身的管理思想,很多大型企业的业务流程都是在长期的管理积累以及大量的经验教训中形成的。当业务流程被外包的同时，意味着外包服务商能够很轻易地获取内置于流程中的管理方法，而对于具有强烈商业动机的服务外包商来说，它们会热衷于将高效的管理流程主动复制于其他客户，以宣扬其带来的价值，或者为降低自身运营成本获取价值。在这种情况下，原本形成了竞争优势的企业内部知识和专业会遭到侵害。因而，在没有有效方式确保企业内部知识与专业不受侵害时，企业是不会轻易选择财务外包的。

（4）财务外包的服务质量是否下降。早期财务外包的服务质量都会保持不错的状况，但随着时间的推移，服务质量可能会发生或多或少的下降。当然，这和服务外包企业自身的管理水平密切相关。优秀的服务外包商会始终维持自己的服务品质，以形成市场上的长效口碑。但对于国内本土服务外包商来说，是否能够做到这一点还很值得考究。特别是财务服务外包市场的参与者还有不少是从代理记账和企业内部财务共享服务中心转型的企业，因此这一挑战就更大了。

3. 财务共享服务的外包服务方式

（1）选择流程进行外包。通常来说，业务量大、重复性高、前端接触较少的流程是适合纳入共享服务的。从当前国内的实践来看，财务共享服务中心涉及的主要流程有费用、应收、应付、资金、资产、总账、报告、档案等。通常情况下，财务共享服务中心并不放心将核心流程发包，如资金、总账、报告等流程。在其他流程中，不同的共享服务中心会有不同的风险判断。从风险和复杂度的高低情况来看，自低到高通常为档案、费用、应付、资产、应收。如果共享服务中心考虑对外发包的话，通常可以按照这样的顺序来考虑。

此外，在评估是否需要外包的时候，还应考虑到企业内部文化是否能够接受外包这种形式、外部是否存在一些监管问题、外包的执行成本等因素。我国企业对于财务信息的安全性以及对外寻求服务外包的顾虑还是比较重的。根据目前的实际案例，多数外包还是集中在基础流程，如某些公司选择将原始凭证的扫描和装订归档外包，有些公司将差旅费的审核外包。总体来说，外包的范围在逐步地试探性扩大中。当然，也不乏个别公司敢于扩大服务外包范围，将其大多数业务流程外包给系统服务商。

（2）选择符合要求的外包商。确定好适合外包的流程后，就可以选择符合要求的外包商来进行这项工作了。评估外包商可从以下方面入手：

第一，业务流程的覆盖性。服务外包商需要有与发包范围相匹配的业务流程覆盖能力。如果服务商对发包流程有相对成熟的服务能力，对于快速接入流程并提供稳定的运营是有极大帮助的。此外，如果服务外包商对发包流程以外的业务流程有更广阔的覆盖能力，亦是未来扩大服务外包范围的良好基础。

第二，服务区域的覆盖性。由于国内大中型企业多数都是跨地域经营的，这就要求服务外包商能够对服务地域有一定的覆盖能力。如果业务流程能够进行远程处理，对地域要求相对会弱一些，但单据扫描、归档、应收流程的处理都可能存在属地服务的要求，如果欠缺属地服务的能力，则会存在一定的问题。而对于一些走出去的国内企业来说，很可能还需要服务外包商提供海外服务能力，这对服务外包商提出了更高的要求。

第三，服务外包商的团队素质与规模。服务外包企业现有团队的基本素质决定了其承接外包流程的起点。财务的各类发包流程的复杂度是不一样的，复杂度较高的流程就需要技能更高的服务团队来支撑。此外对于大型企业来说，发包的起点业务规模很大，这也要求服务外包企业存量团队的人员规模有一定的基础，临时招聘并培训的服务外包队伍很难做好业务转移的衔接。

第四，外包商信息平台的支持性。服务外包商需要具备一定的信息技术能力，以满足服务外包时的流程处理。通常情况下，需要具备自动派工、质量管理、运营监控等功能的服务外包作业平台。此外，风险监控和服务水平监控功能能够更好地提供支持。服务外包作业平台需要能够和甲方企业的系统实现快速对接。未来，以智能作业平台为支持的服务外包商将具有更强的竞争力，通过系统作业简化人工，能够提供更低的成本和更加可靠的服务。

第五，外包商的行业服务经验。尽管都是服务财务流程，但不同行业之间的流程还是存在显著差异的。因此，在选择服务外包商的过程中，应当充分考察其是否在发包方所在行业中有经验的积累和沉淀。对于有类似行业经验的服务外包商来说，它能够更好地理解甲方的业务诉求，更快地适应其流程。

第六，外包商运营的灵活性。对服务外包企业的选择还要考虑其是否存在运营的灵活性。一个好的服务外包商应当能够根据发包企业的需求，灵活动态地调整自身的服务状况，如必要的个性化服务的接入，应对业务波峰、波谷的不均衡等。现代服务外包越来越要求外包商具备柔性运营能力，即能够灵活地适应发包商的多样需求，具备动态的自我调整能力。

第七，外包商与发包方的语言与文化的匹配性。在一些特定的场景下，对语言和文化也有要求。特别是外资企业在进入我国后，如果要进一步选择服务外包商，就会考虑语言和文化因素，如安永在大连提供的服务外包业务能够覆盖普通话、广东话、英语、日语、韩语、越南语等多个语种。此外，文化的一致性也有利于服务外包双方的合作。如果存在文化冲突，很容易导致服务过程中的沟通困难和业务部门的理解困难。

4. 财务共享服务拓展为外包服务的优势

（1）国内财务共享服务了解国内财务环境。国内的财务共享服务中心主要是依托在国内长期经营的企业发展起来的，而不少财务服务外包企业是由总部在国外的服务外包商在我国设立的分、子公司。在这种情况下，来自国外单纯的服务外包企业更多的是在承接跨国公司进入我国的分、子公司的业务，服务中国本土企业时，可能会发生水土不服的问题。而依托中国本土企业生长起来的财务共享服务中心，从诞生开始就是在当地的土壤中发展的。这样的组织对我国复杂的环境有更深的理解，如国内企业中更为灵活的制度要求、更为多样的服务模式、更为复杂的财税环境。在经历过大量的历练后，这些财务共享服务中心转型为服务外包企业的时候能够更好地面对国内企业客户。

（2）财务共享服务有持续续航能力。服务外包企业存在破产或转让所有权的风险，而对于由企业内部组织演变而来的财务共享服务中心来说，当它们转型为服务外包企业后，通常情况下会继续服务于原有企业。一般来说，能够孵化出一个相对大型的财务共享服务中心，并且最终能够提供对外服务的企业，通常其自身规模也是不小的。在这种情况下，只要原生宿主企业没有发生大的经营风险，它就有能力去维持其财务共享服务中心的运转。这也间接使选择此类财务共享服务中心提供外包服务的发包企业多了一层保障，使其能够享受到更为可靠的续航能力，而不用过度担心外包商的存续风险。

5. 财务共享服务拓展为外包服务的路径

（1）内部模拟商业化运作。财务共享服务中心的先天优势在于其背后宿主企业的支撑，也就是说，有一块先天的试验田。在财务共享服务中心下决心走上市场化道路之前，应当充分利用自身的这块试验田来苦练内功，构建自身的商业化运作能力。财务共享服务中心可以从以下三方面入手来构建能力：

第一，建立起甲乙方的协议关系。这可以通过签订服务水平协议的方式，来约定公司内部客户与财务共享服务中心双方的权责关系。

第二，尝试对内部客户进行服务收费。基于服务水平协议中间的服务承诺，以及自身的成本水平，尝试对各项服务进行定价，并在真实的收费过程中，和内部客户展开模拟商业化的对话。

第三，基于内部的新业务纳入，尝试移管能力的建立。通过对新业务纳入过程中的标准化、流程设计、人员准备等一系列能力的建立，为后续承接外部大量差异化的、复杂的流程做好准备。

（2）主动参与市场，建立机制。在形成了商业化服务的基本能力后，财务共享服务中心可以尝试性地参与市场竞争,并进行一系列的机制建立。当然,这个过程如果完全依靠自身的摸索,会消耗比较长的时间,并难以取得较好的效果。因此,财务共享服务中心要想快速地构建其能力,可以考虑借鉴一些成熟的服务外包企业的做法。想要借鉴其他服务外包企业的做法,可以考虑在试水市场的过程中边竞争边学习。一旦财务共享服务中心迈入服务外包市场,可以考虑参与一些真实的招投标项目。尽管这些项目在前期多数情况下很可能是失败的,但在这些失败的过程中,一方面财务共享服务中心可以总结自身的不足,进行能力完善;另一方面可以在这个过程中观察学习成熟的服务外包企业的做法,通过照猫画虎式的学习来获得能力。

在有了一定的基础后,财务共享服务中心可以总结完善经验教训,完成初步的商业化运作机制的建立,如市场化后的组织架构、招投标流程、市场宣传策略、绩效考核机制等。不得不说的是,财务人员走上市场,多少还是有些含蓄的,心理上的突破更为关键。

(3) 通过外购,建立系统能力。服务外包的作业系统、专业化的市场拓展人员等能力不是轻易能够拥有的。可以考虑通过外购的方式来快速建立起系统能力。对于系统产品来说,可以考虑从市场上选择合适的产品来进行平台化改造。相对于企业自己研发的系统来说,产品厂商需要满足大量差异化的需求,在设计时通常会进行产品化,因此选择一个产品化能力比较强的系统进行适当改造,成为服务外包系统平台的一种可能选择。自行培养专业化人员需要的周期太长,可以考虑直接从成熟的服务外包企业招聘。当然,由于财务共享服务中心参与外包市场,在发展前景上存在较大的不确定性,如果要找到合适的人员加入,往往需要付出不小的代价。

(二) 财务共享服务向商旅服务拓展

1. 财务共享服务转型商旅服务的准备

(1) 政治方面。任何一项变革的进行都可能触动现有群体的利益。商旅服务从发展的历史沿袭来看,并不是走财务的线路。多数企业都是由办公室负责管理,当企业规模壮大后,办公室或行政部则引入外部供应商提供驻场服务,甚至成立独立的商旅服务公司,这都与财务无关。也有一些公司把这个事情交给采购部门来管理,这是从商旅服务采购的逻辑出发的。

(2) 工具方面。工具上的准备是指建立商旅系统,具体方式有自己开发和外购产品这两种。

第一,自己开发。如果选择自己开发,那么这对企业内部的IT能力要求很高。整个系统平台需要能够实现完整的商旅流程处理和采购端产品及报销流程的对接。这种量级的系统平台的建立工作量相对较大，且具备一定的开发难度。选择这种技术路径的企业，要么是 IT 非常强势，且有足够的技术能力，坚持内部系统走自主开发路线；要么是未来有对外提供服务的想法，希望自己能够拥有完整的产品自主权，避免未来受制于人。如果不是这两点，可能需要权衡是否有必要自主开发，是否走外购路线更合适。

第二，外购产品如果选择外购产品，那么市场上通常有云服务模式和软件本地部署模式。对于大中型企业来说，选择云服务模式往往会存在一定问题，实现和自己内部系统的对接和定制化改造比较困难。中小企业大可考虑使用云服务模式，从而有效降低系统的应用成本。市场上的本地化部署产品并不丰富，云服务模式的产品在近年则呈现爆发式的增长。如果本地化的产品无法选择到合适的，也不排除走上自主开发的道路。

（3）心理方面。商旅服务与财务服务之间具有一定的相同之处，也存在一定的差异性。例如，两者的服务水平与服务标准之间就存在较大的差异，商旅服务对服务水平和标准的要求都较高。因此，财务共享中心在承接新业务前要做好充分的心理准备。一方面，财务服务在很大程度上带有一定风险管控的成分，而商旅服务更像是一种纯粹的服务，要求自然也更高；另一方面，财务服务对时效、质量的容错率更高一些，即使操作失误，只要没有构成大额的损失，在后续检查中还有补救的机会。但商旅服务不能，企业对员工出差的时效要求是很严格的，通常订单下达后，需要得到及时的回应，否则很容易引起不满。

2. 财务共享服务参与商旅服务的模式

（1）让财务共享服务成为纯粹的服务端流程支持方。让财务共享服务成为纯粹的服务端流程支持方模式下，所有的商旅服务都是由财务共享服务中心以外的第三方来完成的，如国旅运通或者中航嘉信这样的商旅服务公司。基于双方的系统对接，商旅服务的信息流和财务是能够打通的。当第三方机构完成商旅服务，用户也完成差旅行为后，后续的财务结算、报销、核算等一系列流程就需要交给财务共享服务中心来完成。这种模式下的财务共享服务中心实际上承担的还是类似传统费用报销流程的作业处理，可能唯一的改变是由逐笔进行业务处理转变为总对总结算后的批量处理模式。尽管交易量减少了，但需要增加交易核对的处理流程。总体来说，这种模式对财务共享服务中心的要求最为简单，甚至谈不上什么改变和功能拓展，仅仅是对新商旅模式的一种配合而已。

（2）让财务共享服务承担订单处理与售后服务工作。让财务共享服务承担订单处理与售后服务工作模式下，财务共享服务中心需要搭建一个中台的服务团队，嵌入在供应商和企业内部员工的中间，承担起承上启下的重要作用。对于外资的商旅服务商来说，如果没有企业端自建中台的话，通常情况都是由商旅服务商来承担这项工作。商旅服务商通常会按服务次数进行收费，且收费标准不低。例如，国旅运通、中航嘉信等通常都会在非工作时间收取额外高昂的服务费，有时候一通电话可能达到数十元的收费。财务共享服务中心承接中台服务后，替代的就是上文所提到的原本由商旅服务商提供的服务。用户通过在线系统或者电话提交订单，财务共享服务中心商旅团队在接到订单后进行机票或酒店的预订处理，并负责与用户就特殊情况进行及时的沟通。当完成预订后，用户在实际的差旅过程中可能会发生必要的退改签情况，财务共享服务中心需要能够及时地进行业务处理，保障用户的商旅行程。

（3）让财务共享服务承担采购端的采购与供应商管理工作。让财务共享服务承担采购端的采购与供应商管理工作模式下，财务共享服务中心彻底承担了商旅流程端到端的管理工作。对财务共享服务中心来说，实际上是从单纯的运营管理向采购管理的范畴涉足，因此也会存在一定的争议。比较介意这种做法的一方认为，财务涉足采购是一种职能上的越位，它在这一领域兼有了运动员和裁判员的冲突身份。而对此支持的公司认为，财务成为差旅费流程完整的流程属主，能够更好地发挥全流程端到端的服务和管控。

商旅采购的管理工作并不简单，此处以酒店采购管理进行说明。酒店的采购渠道基本上都是分散的，采购价格也都是由酒店本身决定的。企业很难通过统一的谈判，拿到自己想要的折扣。对企业商旅服务来说，通常的做法都会区分协议酒店和大平台的会员酒店两类。协议酒店是指企业直接和酒店进行洽谈，基于自身的采购量来获取优惠价格的一类酒店；会员酒店通常是指如携程等大平台作为服务通道积累的酒店，可以作为协议酒店的补充。对财务共享服务中心来说，介入酒店的采购管理，需要进行大量的协议酒店的洽谈和后续管理。由于协议酒店都分布在用户差旅的目的地，要完成此项工作异常复杂。简单的做法是可以考虑委托各地机构代为洽谈，财务共享服务中心进行审核，对于大的连锁酒店则进行统一谈判。如果进行深度介入，则需要有专门的采购团队来完成此项工作。

（三）财务共享服务向司库方向拓展

1. 适合财务共享服务向司库拓展的方向

对于财务共享服务中心来说，司库是一个可能的职能拓展方向，但并不是说财务共享服务中心可以简单地转身就成为司库。对司库来说，有不少职能可能并不适合财务共享服务中心来处理。财务共享服务中心处理业务流程的特点是标准化、重复性高、业务量大。即使考虑到对财务共享服务中心职能定位的提升，使其能够承接一部分对技能要求略有提升但并不具有过高复杂性的业务，也仍然无法完全替代司库。因此，更需要考虑司库的哪些职能是可以由财务共享中心来处理的。司库中心分为基础司库中心和增值司库中心两种。其中基础司库中心基本处理的是不复杂但又超出传统财务共享服务中心职能范围的业务；增值司库中心则是处理一些较为复杂的司库业务的职能中心。对于财务共享服务中心而言，成为基础司库中心是其进行职能拓展的良好方向。

2. 财务共享服务向司库拓展的具体方式

（1）在资金账户上从保管使用变更为管理。在财务共享服务模式下，财务共享服务中心更多的是负责账户开立后的使用职能。通常财务共享服务中心以外的团队，如分散在各个机构的资金部或岗位，进行开户，将开户后的 UKeyaaUkey 通过 USB（通用串行总线接口）直接与计算机相连，具有密码验证功能且可靠高速的小型存储设备。和密码等信息移交财务共享服务中心进行统一保管和使用。在这个过程中，财务共享服务中心处于一个相对被动作业的位置。财务共享服务中心转变为基础司库中心后，资金账户从保管、使用转变为管理。这种管理体现在账户开立、变更、注销的集中处理，如临柜办理账户开、销、变业务，进行业务处理后的资料档案的集中归档。

在进一步考虑职能提升后，可以赋予财务共享服务中心与各银行直接进行业务洽谈和关系管理的职能，当然这种银行管理主要还是在账户层面。涉及融资的银行关系维护，则属于增值司库中心服务的范围。因此，在账户的管理职能上，财务共享服务中心从一个保管者和使用者的身份转变为一个管理者。

（2）在资金计划与头寸上从执行者变为预测规划者。在财务共享服务模式下，资金计划以及资金头寸通常由分散在机构的资金部准备和提供，财务共享服务中心则在资金支出过程中对实际支出与计划进行匹配，在资金计划不足时进行支出控制，在头寸不足时进行及时地申请和调拨。而作为基础司库中心的定位，资金计划和头寸不再是简单的执行控制，而是涉及了具体的预测、规划和管理。对于现金流预测来说，本质上是基于信息输入，结合影响因素，通过模型来进行结果模拟的过程。在这个过程中，输入主要包括已经下订单的采购记录、销售记录、托收资金流入计划、人力成本支付计划、费用支付预测，以及司库中的对冲、内部债务、股息等资金流动因素。在对这些输入进行预测的过程中，还会受到供应链断裂、商品价格、季节性、特殊事件、需求变化、信用事件甚至全球市场事件的影响。因此，财务共享服务中心在这个领域的拓展已经不再是简单的执行，预测工作具有更高的复杂性。要做到上述完整的预测并不容易，但起步也没有想象中那么困难。例如，在国内的实践中，已经有一些财务共享服务中心开始基于掌握的费用支付数据，进行费用资金预测，这就是一个不错的开始。

（3）促进资金集中和基金池的管理。当财务共享服务中心向基础司库中心转型后，推动资金集中和资金池管理的职能也将由财务共享服务中心来担负。资金池存在的目的是以一种有效的方式来改善公司总体的资金流动状况或者处理净盈余。当承接资金池管理工作后,财务共享服务中心需要承担日终结算头寸的计算工作,根据计算结果所体现的资金池的盈余或亏空,来进行资金的进一步调配。

从运营模式来看,财务共享服务中心是能够胜任此类工作的,但如果进一步承担资金池的设计、构建等初始工作,以及后续的架构优化工作,则会有一定的挑战。此外,资金集中也是财务共享服务中心拓展至司库后的一项职能。资金的集中能够充分利用企业分散在各机构的存量资金,减少公司整体的融资压力。

比较理想的资金集中是从账户层面就尽可能地减少分散资金账户的设立,将资金归拢到统一的账户中。通常情况下,资金的支出户是比较容易集中的,但收入户集中面临的挑战会比较大,受到各地客户资金收取的需求影响。另外,一些出于特殊目的而设立的账户也难以消除,如为维护与银行的关系而设立的时点存款账户等。而在账户尽量精简后,可以进一步通过资金的上划下拨管理来实现资金的集中运用。财务共享服务中心拓展至基础司库中心后,无论是在资金账户集中的推动上,还是在资金上划下拨的操作管理上,均可以发挥重要的作用。

(4) 资金对账职能由对账操作拓展为主动掌控。财务共享中心向司库拓展后,在资金对账职能上的表现是从单纯的对账操作拓展到主动掌控的层面。在财务共享的服务模式下,财务共享服务中心需要核对每日的银行收支与系统中的资金收支凭证。这种工作仅停留在核对的基础层面上,而基础司库中心则将资金对账上升到资金操作风险管理的层面。也就是说,当财务共享服务中心实现了向基础司库中心的职能拓展后,不仅需要完成资金核对的基础工作,更要负起资金操作风险管理的责任。

财务共享服务中心日常的资金对账能够为进行资金风险管理提供有力的数据基础,但也要求其关注细节,一旦在对账过程中发现操作风险的线索,就要立即加以重视,要以点带面地去分析并解决问题,防止此类问题的再次发生。要做到这一点,财务共享服务中心需要有高度的主动管理意识,彻底改变原来被动执行的观念。同时,需要从技能和工具上进一步提升自己的资金操作风险管理水平。

第二节 大数据驱动的企业财务管理信息化

一、财务管理信息化理论概述

(一) 财务管理信息化的概念界定

财务管理信息化基于现代化的会计信息系统,借助现代化信息技术和手段,实现会计电算化，并且促进企业能够在互联网环境下进行会计的核算、分析和决策的一种财务工作方式。财务管理信息化作为企业管理信息化的一大分支，通过现代信息技术手段来辅助财务管理，从而提升企业管理水平和财务管理效率，有效促进企业竞争力的提升。因此，企业结合业务实际，并合理构建财务信息化管理系统，通过合理的管理信息化建设人、财、物的投入，建设和完善信息化管理系统，促进企业内部财务资源的利用效率的提升。

财务管理信息化是在互联网快速发展的环境下产生的一种全新的财务管理方式，能够实现企业内部物流、信息流和资金流同步化，同时也能够保障财务组织的弹性。

综上所述，探究财务管理信息化的本质，其实质是企业内部的一种控制方式，不仅为管理者制定决策提供数据支撑，同时也深入挖掘数据背后的价值，从而促进企业各项资源价值的提升。

（二）财务管理信息化的主要内容

财务管理信息化系统依托于传统财务管理体系，通过信息化手段完成会计核算与财务管理、资金管理和全面预算管理三大系统的构建，分别满足核算与不同的管理需求。在此系统中，会计核算是基础，资金管理是核心，全面预算管理是手段。通过有效利用这三种方式，不仅能够促进企业会计核算水平和质量的提升，同时有助于规范企业的财务管理制度与流程。财务管理是企业内部管理中一项重要的工作内容，通过进行会计核算，有利于规范子公司的经营行为，通过进行资金管理，有利于提升资金的利用效率。因此，通过妥善使用三种方式，能够有效促进企业财务管理的规范化，促进企业经济效益的提升。

1. 会计核算和财务管理

企业内部各个子公司应该执行统一的财务制度和会计核算方法。各个子公司、分公司通过执行统一的会计政策、编制相同的会计科目、采用统一的方法进行会计核算，能够帮助集团了解各个子公司实际的发展情况，并且能够横向对比，能够及时掌握子公司之间发展的差异，从而采取有效的措施进行应对。会计核算和财务管理能够实现报表的有效合并，从而能够更为直观提供决算信息。财务管理信息化能够帮助会计人员从重复性的工作中解脱出来，有更多的精力和时间进行会计核算和数据背后价值的挖掘。有效的会计核算能够帮助企业监控子公司的业务过程和结果，从而促进子公司经营行为的规范化。

2. 资金管理

资金是企业生存和发展的血液。企业一旦成立，就会面临竞争。经营规模的扩大、产品生产工艺的提升等都需要企业资金的投入。资金管理是针对企业内部资金和使用资金一系列工作内容的统称。资金管理主要包括银行账户管理、流动资金管理、固定资产管理等内容。企业管理中一项核心的工作内容就是财务管理，目的是保证资金使用的安全性，不仅能够满足企业生产过程中对资金的需求，同时也要提升资金的使用效益。

3. 全面预算管理

近年来，全面预算管理不断纳入企业预算体系中，全面预算管理帮助企业实现有效的事前、事中和事后分析和控制，实现对企业各项经营业务的全面管理和控制，从而有效帮助企业降低成本，获取更高经济效益。根据往年和企业经营计划，编制预算是财务部门一项重要的工作内容，通过编制预算制度，对企业经营情况和生产成本进行有效预测，从而促进企业各项经营行为的规范性。根据企业在实际业务开展过程中产生的费用情况，及时调整、优化预算，能够有效提升资金的利用效率。

二、大数据时代企业财务管理信息化建设的必要性

（一）提升数据的安全性

在财务管理工作中利用信息技术，尽可能降低人为因素的干扰，很多工作都是通过计算机操作，大大降低了由于人员个人问题造成的财务管理问题出现。通过建立防火墙、搭建局域网等有效抵制外部黑客的攻击，从而有利于提升企业财务数据和信息的安全性。在财务管理信息化建设的过程中，财务管理安全体系建设也是一项重要的工作内容，因此，通过建立完备的财务管理体系，有利于提升数据的安全性。

（二）促进办公效率的提升

财务管理信息化的发展，使远程会议、随时办公在财务管理中成为可能。将信息技术应用在日常工作中，促使很多企业都实现了办公方式的多元化。很多集团企业下设了很多子公司和分公司，分公司的办公地点存在差异。通过借助信息技术手段，能够实现远程办公和交流。通过实时沟通和交流，能够实现信息和资源的共享。因此，财务管理信息化的不断推进，能够有效促进办公效率的提升。

（三）促进企业竞争力提升

通过财务管理软件，财务人员只需要通过简单的计算机操作就能够实现数据的录入、整理以及核算。这种方式能够有效提升财务管理的效率，提升企业财务信息和数据的准确性，进而为管理者制定决策提供有效的数据支撑，从而为企业未来发展指明了方向。另

外，财务管理信息化的推进，能够帮助财务人员从繁琐的工作中解脱出来，从而深入挖掘数据背后的价值，从而为管理者制定决策提供有效依据，有效提升了企业决策的科学性和准确性。因此，企业在单位内部推进财务管理信息化有助于促进企业竞争力的提升。

（四）促进企业财务管理水平提升

大数据背景下，很多企业均应用了现代化信息技术作为各项工作的辅助工具。通过应用信息化系统，能够大幅度减少人工操作，从而显著降低企业的人工成本。通过应用财务管理信息系统，计算机系统可以代替人工的操作，不仅能够实现对很多信息和数据的整合处理，也能够有效提升数据处理的效率，最终有利于促进企业财务管理水平的提升。

三、完善企业财务管理信息化建设的对策

（一）加速企业财务信息化进程

市场经济条件下，竞争是一种常态化的现象。为了准确把握企业发展机会，以及获得更多的竞争优势，并且在市场竞争中获得更多的主动权。为达到这一目的，企业需要采取有效措施改善这一现状。

此外，企业内部管理层应该引起足够的重视程度，通过增加投资资金，大力推进企业财务管理信息化的进程。企业应该通过公众号、企业微信、社交媒体平台等在单位内部向所有员工宣传财务管理信息化的相关知识，通过强化宣传，促进企业内部所有员工对财务管理信息化建设的认识和了解，减少相关人员的抵触，并通过大力宣传与积极实施，使相关人员充分认识到推进管理信息化的优点，从而真正接受并贯彻财务管理信息化的要求。

（二）构建企业财务信息共享的标准

针对信息孤岛现象，企业应该结合业务开展的实际情况，建立一套完备的信息沟通流程和体系。

第一，结合企业实际业务情况，应该不断完善会计核算体系，会计核算贯穿企业经济活动的整个过程，是会计最基本和最重要的职能。通过财务报表反映企业经营的实际情况。

第二，应该严格按照会计准则进行财务数据的处理，从而为企业推进信息化建设奠定基础。再次，应该在企业内部建立完善的信息沟通和交流平台，从而促进业务信息和财务信息的共享。信息共享平台的搭建，有效降低信息在传输过程中失真的概率，提升信息传

输的速度和质量。通过整合企业内部各项信息，深入挖掘信息背后价值，从而促进企业决策制定的科学性和准确性。

（三）完善企业内部控制信息化建设

为了有效提升财务管理信息化建设水平，企业内部管理层应该转变传统的认识和了解，应该不断增加资金的投入，从而引入和企业业务匹配的财务管理软件。通过将繁琐的数据和信息进行二次加工，从而对企业实现全方位的管理和控制。通过利用这个软件进行财务数据的处理，降低人工操作带来的失误，也能够降低信息不对称和传递失真的问题。

因此，财务管理信息化建设，不仅应该注重软件建设，同时也应该注重硬件建设。通过完善内部控制制度，从而为财务管理信息化建设提供更为健全的制度支撑，进而促进企业财务管理水平和质量。

（四）构建完善的信息安全防范体系

强化内部控制，能够有效降低外部计算机病毒、财务人员道德等给企业造成的经济损失。企业内部相关管理人员应该结合企业工作实际，完善相应的财务管理方面的制度，制度是企业开展工作的重要保障，从而依据企业业务实际，建立一套完善的信息安全管理制度，以此保障企业内部网络安全。与此同时，企业内部的技术部门应该定期对信息系统进行安全检测，通过安装防病毒软件并且定期更换密码等，消除企业存在的安全隐患。企业应该增加培训和教育活动，通过对企业内部所有人员进行网络安全教育，从而提升企业内部工作人员的安全意识，最终保障企业内部网络安全。

（五）积极培养财务管理复合型人才

在大数据时代下，企业内部财务管理人员需要收集和处理大量的数据信息，这需要财务人员能够实现对这些巨量信息和资源的整合。但是通过实际调查发现，大部分财务人员缺乏数据整合和分析的能力，因此，企业需要通过提供培训和教育，提升财务人员的数据分析能力。

第一，采取有效措施提升财务人员的计算机操作能力。对于一些工龄时间较长的财务管理人员，企业应该对这些人员进行重点培养和教育。通过提供相应的计算机实操课程，提升其计算机操作能力，并且配备专门的教师进行指导教学，从而帮助财务人员掌握计算机操作的能力。同时，现阶段财务软件具备数据分析的功能，很多财务人员不懂得如何进行数据分析，这就要求财务人员不断加强自身学习。通过学习熟练运用财务软件，进而提升财务管理的效率。

第二，加强对财务人员的会计准则以及相应法律法规的培训和教育。随着我国会计改革的不断深入，我国出台了一系列新的会计法规和会计准则。为了确保企业会计操作的准确性，就需要及时学习新的法律法规。否则，财务人员可能会沿用传统的会计准则和法规进行执业活动。因此，企业需要及时组织讲座或者论坛，组织企业内部财务人员学习新的法律法规知识，避免因为不熟悉新的会计准则而犯错误。

第三，人才是企业发展的根本，提高面试门槛，引进复合型人才。企业在招聘环节，应该不断增加面试门槛。在笔试中增加计算机操作的相关内容，从而选聘优秀人才。信息时代的到来给企业进行人才选拔提供了更为广阔的空间，企业可以依据实际需求，采用多种招聘方式，通过利用合适的渠道引进优秀人才。

第四，加强对财务人员的道德培训和教育。资金是企业发展的命脉，财务人员掌握着企业内部大量的资金。如果企业内部财务人员道德败坏，为了个人私利，挪用公司资金，会严重影响企业内部的资金安全，进而影响企业的正常发展。因此，企业应该加强对财务人员的培训和教育。培训内容可以围绕财务人员职业道德、相关法律法规以及行为规范等展开。同时，在企业内部建立有效的绩效考核和奖励机制。对于道德败坏的财务管理人员应该作出一定惩罚。对于表现优异的员工，应该给予一定的精神方面或者金钱方面的奖励。总之，通过软硬兼施，警示财务人员做好分内工作，遵纪守法，保障企业内部资金安全。

因此，大数据时代，为了推进财务管理信息化建设，企业需要大量的综合性和高素质会计人才。企业需要加强培训和教育，并且通过招聘等引进高素质的会计人才，为企业财务管理注入新鲜血液，最终促进企业财务管理信息化建设水平的提升以及企业经济效益的提升。

第三节　大数据时代的企业财务风险评价体系

企业财务风险评价是针对企业发展过程中可能存在的风险，对其进行科学预测并判断其等级，根据企业财务风险评价结果，企业的财务工作人员就可以立足于企业的经营状况构建相应的预防和处理措施，以尽可能地降低企业经营风险，并在风险发生时，有效地控制风险影响范围和破坏性。企业财务风险预警机制需要以财务风险评价结果为参考，财务风险评价结果系统地显示了对风险的分析和预测，能够从中了解风险发生的影响范围，以对各项风险影响因素形成有效控制。对于一些影响巨大的风险事件，可以针对其各项影响因素建立风险预警，一旦风险发生立刻响应，有效控制风险的影响力。

在大数据时代下，财务风险评价体系具有更大的作用。由于大数据时代中市场经济环境下的风险种类明显增加，企业的经营活动也受到了更大的挑战，企业管理和决策人员应该更加重视财务风险评价体系的建立。大数据时代风险剧增的同时，大数据技术也为企业财务风险评价体系的建立健全提供了重要助力，利用现代信息技术对企业风险评价进行优化与完善，提高风险评价结果的科学性和准确性。借助智能信息技术和数据分析技术，提高企业财务风险评价的准确性，发挥其为企业安全运营的保驾护航作用。

一、大数据时代企业财务风险评价体系建立的意义

任何领域的企业在经营过程中都不可避免地面临多种多样的经营风险，而财务风险正是诸多风险中影响较大、危害性较强的一种，也是企业在经营管理中所需要重点关注的。在大数据时代，企业经营过程中的外部经济环境和行业市场波动更加复杂和多变，如果企业内部管理出现问题，就会给企业带来较大的损失与危害。要完全消除和避免企业的财务风险基本上是不可能的，因此需要建立起完善的风险评价体系，提高企业的财务风险分析和预测能力，为风险的预防与处理做好准备。财务风险评价体系越全面、越科学，对风险的预测和分析就越准确，就越能够降低企业的损失。

（一）提高企业的持续经营能力

在大数据时代，企业的经营数据和信息更加繁杂，这些信息中既有利于企业发展的信息，又有可能给企业带来风险和隐患的信息。这种机遇与风险并存的形势对企业的管理能力提出了更高的要求。财务风险评价体系的分析与预测功能是提高企业在大数据时代的适应能力的有效工具，它能够对企业运营的各个环节的潜在风险进行汇总分析，当预测到系统中的异常后，就能够向相关部门进行报告，提出预警，为经济决策和管理策略的调整提供参考。这样企业就能够在企业财务风险发生之前做好准备，将风险的危害性控制到最低。随着企业的持续经营，财务风险评价体系也能够得到不断的丰富与完善，为企业的安全、平稳运行提供可靠的保障。

（二）完善大数据时代的企业风险防范体系

财务管理部门从企业的经济活动数据中获取信息，并对其进行分析和整理，从而掌握企业真实的经营情况，为企业的管理和决策人员做出正确的企业管理决定和战略决策提供

支撑。

因此，财务数据的准确和全面对企业经营管理的重要性不言而喻，在大数据技术不断发展进步的背景下，企业内部的经济信息也更加多样和复杂，越来越多的企业经营信息给企业管理带来了新的挑战。财务管理部门在处理这些海量信息时，可以利用风险评价体系进行筛选和分析，从而得到更加全面且可靠的财务数据。

二、大数据时代企业财务风险评价体系的建设与完善

（一）重视财务风险评价体系建设

企业管理和决策人员对财务风险管理的重视是建设财务风险评价体系的重要基础，领导与管理人员对财务风险评价体系建设的重视，是企业财务风险评价体系建设得到充足的人力、物力支持的重要保障，也是保证财务风险评价体系建设质量的重要依靠。企业管理与决策人员要提高对财务风险评价体系建设工作的重视，首先，要求充分掌握和了解企业对财务风险评价管理工作的价值和意义，认识到财务风险评价对企业财务风险管理工作开展的作用，从而形成对财务风险评价体系建设的重要性的正确认知。其次，企业领导人员要掌握一定的财务风险评价体系的相关知识和技能，对如何建设完善的财务风险评价体系有所了解，能够与实际执行财务风险评价体系建设的工作人员相互配合，提高工作效率，对财务风险评价体系建设质量进行监督与考核。

另外，企业要为财务风险评价体系的建设提供充足的技术和人才支撑，数据化财务风险评价体系的建设与维护：①稳定的资金支持；②可靠的技术支撑；③确保财务风险评价体系的具体内容与企业的经营活动相适应。只有满足这三点要求，才能够确保财务风险评价体系能够长期地发挥作用。最后，要在企业内部积极宣传财务风险评价相关理念和价值，使企业各部门工作人员都能够对财务风险评价工作形成正确的认识。在财务风险评价体系中，需要就各部门的信息进行整合与分析报告，只有各个部门通力合作，才能够保证信息数据传输的效率，并按照财务风险评价结果对各项工作进行整改，提高企业财务风险的控制能力。企业可以通过开展内部培训与讲座，来提高企业员工对财务风险评价体系建设工作的重视和支持。

（二）加强大数据技术的综合应用

在大数据时代，财务风险评价体系离不开信息数据的支撑。通过信息技术手段，对企业内外部环境下的数据进行整合与综合分析，发现其中的风险影响因素，并生成针对性方

案,在大数据环境下,无论是外部因素,还是内部因素,每天产生的信息数据量都是巨大的,这给企业的财务工作人员开展财务风险评价工作带来了不小的问题。

除此之外,在大量的信息数据中,必然存在着一定的干扰性信息,这对财务风险评价结果造成的影响也是不可忽视的。因此,为了减轻财务风险管理人员的工作量,保证企业财务风险评价结果的准确,企业就需要在财务风险评价系统的建设中引入大数据技术,利用现代化信息技术对数据的真假和价值进行判断与甄别,提高财务风险评价系统对风险识别和判定的准确性。

利用大数据技术,工作人员可以先收集企业内外环境中存在风险的相关信息数据,对海量的信息数据的真假进行筛选和甄别,对数据信息进行逐一归类,保存有用的信息,剔除掉无用的信息,这样既能够降低大量无意义数据的干扰,同时又能够基于最终保留的有效信息,判断当前企业财务风险的具体等级,为财务工作人员开展工作进行警示。财务风险评价体系建设的最终目的是为企业的财务风险控制服务,确保企业财务管理工作的环境安全,大数据技术的应用能够为财务风险的处理提供技术支撑,如企业财务风险数据库的建立,能够为企业管理人员进行风险预防和处理提供借鉴与参考。

(三) 完善企业财务风险评价指标

企业要在传统指标的基础上进行优化和完善。以往的财务风险评价指标是以周转率、盈利等指标为主,企业应收账款回收时间的快慢,对企业资金周转率具有重要影响,而这也是可能引发企业经营风险的重要因素,因此针对周转率指标,可以从应收账款、平均账龄等指标进行优化和完善。财务工作人员通过对企业的应收账款的回收时间进行分析,结合其他类似企业的相关数据,考虑账款回收的影响因素,如季节变化、市场周期、自然灾害等因素,进行全面的分析,通过财务风险评价指标的完善,达到提高企业风险管控能力的目的。

除此之外,还要对企业的存货占用期进行分析,存货占用期也是影响企业周转效率的重要因素,如果存货在企业留存的时间较长,就会影响企业相应的资金的收回,在明确存货留存时间较长的原因后,采取针对性措施对存货的周转进行优化,能够有效地降低企业的资金周转风险。

在对盈利指标进行优化与完善时,企业需要根据现阶段的经营情况增加现金销售指标和现金资产份额。同时,对企业的现金流量指标进行相应的调整和完善,企业的现金流量指标是根据企业当前的现金流数据进行分析和判定,企业的现金流既与企业的一般业务活动有关,又受到企业投、融资活动的影响,在一定程度上代表了企业的风险抵御能力,当现金流出现断裂，企业必然会面临较为严重的财务风险。最后，在一定程度上，财务工作人员还需要考虑一些非财务指标对财务风险评价结果的影响。

在大数据时代，建立科学完善的财务风险评价体系是现代化企业的必然选择，企业需要充分重视财务风险评价体系的建设，并提供相应的技术、人才和资金支持，保证财务风险评价体系各项功能的完善，确保财务风险评价结果的准确，为企业的安全稳定发展提供可靠的保障。

第六章 大数据时代下的企业财务管理与风险管控实践

第一节 大数据技术在财务数据的分析与应用

现代科技、信息技术发展促进大数据时代的到来与发展，大数据时代通过进行开放数据信息获取，并将其转换为企业发展所需的信息，这对企业发展有着十分重要的影响与意义。这个时代对企业发展有很大影响，对企业财务数据分析也有一定影响，从当前大数据时代发展情况入手，将其给企业财务数据分析带来的机遇与挑战进行如下总结。

一、大数据给企业财务数据分析带来的机遇

（一）数据来源更充足准确

在传统时代中企业财务数据分析，主要是对企业内部的数据进行分析。在大数据时代中，企业不单单可以对企业内部财务数据进行分析，还可以通过大数据技术的应用从企业利益相关者入手进行相关信息的获取，这些信息包括财务信息，也包括一些其他信息，这些丰富的数据信息，为企业进行财务数据分析提供了更多帮助与支持。企业可以通过对自身财务数据的分析，结合其他企业财务数据分析的对比，以达到对企业实际发展情况有一个更准确的了解与评价。加上现代大数据时代信息技术的支持，大量的数据分析可以在信息技术的指引下，快速筛选、存储以及处理，使企业可以对这些信息进行更合理的应用，提升企业财务数据分析的准确性。

（二）财务数据分析的实时性提升

财务数据分析关键在于实时性，特别是在现代社会中，市场环境瞬息万变，企业在进行财务数据分析的过程中，必须要做到实时进行，以达到随时了解企业发展的情况，并根据企业当前发展现状进行战略调整，这样才可以使企业财务数据分析为企业发展提供更大

的帮助。在大数据时代中，企业可以利用现代信息技术及时进行与企业相关的数据信息搜集与整理，在进行信息处理的时候所花费的时间也较短，这就实现了企业财务数据分析的实时性，从而使企业在决策的时候可以利用自身所掌握的相关信息第一时间进行市场情况的全面了解与分析，真正掌握现代企业发展的实际情况。

（三）财务分析地位有所提升

在大数据时代中，企业所处的市场环境发生了改变，为应对现代市场环境的变动，企业必须要对财务数据分析给予重视。为满足企业财务数据分析的需求，很多企业纷纷设立了专门的财务分析部门，安排了专门的人员，由专门财务人员进行财务数据的分析。越来越多企业管理人员将财务数据分析作为企业的一项重点工作，大幅增加这方面的投入，以达到使企业在发展的过程中财务数据分析的准确性得到提升，使企业能够利用大数据优势对自身发展现状、市场环境等进行全面了解，在财务数据准确分析的基础上进行经营决策。

二、大数据技术在企业财务数据管理中的分析应用

（一）数据收集

大数据技术在企业财务数据管理中的分析应用对于数据收集方面带来了显著的改进。传统的数据收集方式往往需要耗费大量时间和人力，而且容易出现数据不完整或者不准确的情况。然而，随着大数据技术的应用，企业可以利用多种渠道获取大量的财务数据，从而使得数据收集变得更加高效和全面。

第一，大数据技术使得企业可以通过互联网收集财务数据。随着互联网的普及，越来越多的财务数据以数字化的形式存在于网络上，如财务报表、交易记录等。企业可以通过网络爬虫技术自动抓取这些数据，从而快速获取大量的财务信息。

第二，大数据技术的应用使得企业可以利用传感器收集财务数据。许多企业的业务涉及到实物产品或者设备，这些设备通常都可以配备传感器，用于监测和记录相关的财务数据。例如，生产企业可以通过传感器实时监测生产线的运行状态和产量情况，零售企业可以通过传感器记录商品销售的实时数据。这些传感器收集的数据可以帮助企业及时了解业务运营的情况，并做出相应的决策。

第三，移动设备也成为了数据收集的重要渠道。随着智能手机和平板电脑的普及，越来越多的人习惯使用移动设备进行财务交易和支付。企业可以通过移动应用收集用户的交

易数据，了解消费者的购买行为和偏好，从而优化产品和服务。

在数据收集过程中，大数据技术还可以自动进行数据清洗和整合。大数据技术可以识别和处理数据中的错误和异常，确保数据的准确性和一致性。同时，大数据技术还可以将来自不同渠道的数据进行整合，使得企业可以综合分析各个方面的财务数据，得出更全面和准确的结论。

（二）数据处理与分析

数据处理是大数据技术在企业财务数据管理中的首要任务。企业每天产生海量的财务数据，包括营业收入、成本支出、资产负债表等。这些数据来源于各个部门和业务领域，格式多样，数量庞大。传统的数据处理方法可能会面临数据丢失、处理时间过长等问题。而大数据技术能够通过分布式计算和存储架构，高效地处理这些数据。企业可以借助大数据平台，实现数据的快速采集、清洗、存储和管理，确保数据的完整性和准确性。

数据分析则是大数据技术在企业财务数据管理中的核心应用。通过大数据技术，企业可以运用数据挖掘和机器学习算法，对财务数据进行深入挖掘，发现数据背后隐藏的规律和价值。例如，通过数据挖掘，企业可以发现客户购买行为的规律，优化产品定价和销售策略；通过机器学习算法，企业可以构建预测模型，预测未来业务走势和风险，为企业决策提供科学依据。

大数据技术在企业财务数据管理中还能发挥实时数据分析的优势。传统的财务报表通常是按月或按季度生成的，这意味着企业对财务状况的了解是有一定滞后性的。而大数据技术能够实现对实时数据的分析，使企业能够随时了解财务状况。例如，企业可以通过实时数据分析，及时监控营收和支出情况，发现异常波动，及时采取应对措施，避免财务风险的发生。

除此之外，大数据技术还能与其他技术相结合，发挥更大的作用。例如，将大数据技术与云计算相结合，可以实现财务数据的灵活扩展和弹性调整，降低企业的运营成本；将大数据技术与物联网相结合，可以实现对财务数据的实时监控和管理，提高企业的运营效率和精确度。

（三）企业风险管理

企业风险管理是企业经营中不可忽视的一环。在全球化、市场竞争激烈的商业环境中，企业面临着各种潜在的风险。这些风险可能来自市场波动、政策法规变化、自然灾害、供应链问题等各个方面。若企业无法及时识别、评估和管理这些风险，可能会导致经济损失甚至破产。

大数据技术在企业风险管理中的应用主要体现在以下四个方面：

第一，风险模型构建与预测。通过对大量历史数据进行分析，企业可以建立起风险模型。这些模型基于多维度数据，可以帮助企业预测潜在的风险事件。例如，通过分析市场价格、供应链数据、销售数据等，企业可以预测原材料价格波动、供应链中断或者产品需求下降等风险。预测风险事件的发生，有助于企业提前做好准备，采取相应措施，减轻不利影响。

第二，风险防范策略制定。基于风险模型的预测结果，企业可以制定相应的风险防范策略。不同类型的风险可能需要不同的对策。例如，对于原材料价格波动的风险，企业可以采取多样化的采购策略，寻找替代性原材料供应商；对于供应链中断的风险，企业可以建立备份供应链，以应对突发情况。大数据技术的优势在于能够从庞大的数据中挖掘出有价值的信息，帮助企业制定更科学、精准的风险管理策略。

第三，实时监测与预警。大数据技术还可以实现对风险事件的实时监测和预警。通过对实时数据的分析，企业可以迅速察觉风险事件的发生，并立即采取措施进行干预。例如，金融机构可以通过大数据技术对客户交易数据进行实时监控，发现可疑交易行为，从而防范潜在的信用风险。实时预警使企业能够更加敏锐地捕捉风险信号，及时应对，避免损失扩大。

第四，决策支持。大数据技术为企业的高层管理者提供更全面、准确的数据支持，帮助他们做出更明智的决策。财务数据是企业运营的重要组成部分，通过大数据技术对财务数据进行分析，可以帮助企业了解业务状况、资金流动等情况，为管理层提供决策依据。准确的数据支持可以减少决策中的主观因素，提高决策的科学性和准确性。

（四）预测决策

随着信息时代的到来，大数据技术已经成为企业管理和决策的重要工具。在企业财务数据管理方面，大数据技术的应用为预测决策提供了强大的支持，帮助企业做出更明智的战略决策。

第一，历史数据分析与预测模型建立。大数据技术允许企业对大规模历史财务数据进行分析，包括销售收入、成本、利润、现金流等指标。通过对历史数据的挖掘，企业可以发现隐藏在数据背后的规律和趋势。建立起合适的预测模型后，企业可以利用这些模型来预测未来的市场走势、行业发展方向以及客户需求变化。这些预测结果为企业提供了重要的参考，帮助企业在竞争激烈的市场中抢先一步，调整经营策略，更好地满足市场需求。

第二，外部环境数据分析与预警机制建立。除了对内部历史数据的分析，大数据技术还可以整合外部环境数据，例如经济指标、行业趋势、政策法规等，帮助企业全面了解市场环境。通过对外部环境数据的实时监测和分析，企业可以建立预警机制，及时预测并应对潜在的市场风险。这有助于企业在变化莫测的市场中保持敏锐的洞察力，做出及时的决策调整，降低市场波动对企业财务状况的影响。

第三，预测方案模拟与对比分析。大数据技术还可以支持企业对不同预测方案进行模拟和对比分析。在面临复杂决策的情况下，企业可以利用大数据技术模拟不同决策方案的结果，比较各方案的优劣，并评估其潜在影响。这有助于企业选择最优的决策方案，降低决策风险，提高企业绩效。

第四，风险管理与资金规划。大数据技术在企业财务数据管理中还可以应用于风险管理和资金规划。通过对市场风险、信用风险、供应链风险等进行数据分析和预测，企业可以制定相应的风险应对策略，保障企业的稳健运营。同时，大数据技术也可以帮助企业优化资金规划，合理配置资金，提高资金使用效率，降低资金成本，从而增强企业的财务健康状况。

三、大数据时代企业财务数据分析与应用改进建议

从当前大数据时代企业财务数据分析现状看，大数据在为企业财务数据分析提供帮助的同时，也给企业财务数据分析带来了一定挑战，为适应大数据时代对企业财务数据分析的影响，企业应从以下三方面入手进行财务数据分析的改进：

（一）提升企业财务数据收集与处理能力

大数据时代最大的特点就是数据信息量大，信息多元化，这种情况下企业想要利用这些数据信息准确、全面、合理地进行企业财务数据分析，就需要进行相关数据的收集。在收集到了大量数据信息以后，对这些信息进行处理与分析也很重要，需要企业在短时间内对收集到的各种信息进行整理，这样才可以保障财务数据分析的科学性、准确性，使企业能够利用这些数据信息达到对企业情况有一个全面、准确的了解，并分析出企业在市场中的地位以及影响力。这需要在企业发展的过程中，进一步增加自身在软硬件建设方面的投入情况。

企业在财务数据分析方面的软硬件建设投入的同时，也需要相关厂商进一步关注大数据时代企业财务数据分析基础设施的开发，确保企业在发展的过程中大数据时代财务分析所需的技术设施得到有效保障。如进行现代信息技术硬件设施的完善，包括电脑、网络设

施建设的投入，以保障在企业进行大数据信息收集与处理的过程中，可以快速进行，保障数据传输以及处理的效率。在软件方面，相关厂商应当进一步加大适应大数据时代财务数据分析需求的软件开发，如增加企业内部财务数据与外部同类企业财务数据的对比分析板块，使企业可以对收集到的其他与财务相关的数据信息对比快速进行，这样可以实现企业内外数据全面对比分析，真正了解企业发展情况，市场中的地位以及影响等，这对更全面了解企业情况有一定的促进作用与意义。

（二）进一步提升企业财务数据分析安全保障

保障企业财务数据安全对企业发展有十分重要的影响，只有做到准确、合理地进行财务数据分析，才可以确保企业在发展的过程中各项工作规范、合理展开。这需要企业引入现代最先进的信息技术安全保密技术与措施，对软硬件设施进行加密、防护等，保障企业财务数据的安全性。在进行财务数据分析的过程中，相关数据的应用、分析操作人员必须要经过授权，没有得到授权的人员不能进行财务数据信息系统的操作。相关工作人员也要有较高的职业素养，分析以后的财务数据不能随意进行泄漏，还要在进行系统操作的过程中按照要求，做好系统的安全保护工作。同时，相关信息技术公司还应当进行信息安全技术的开发，为企业进行信息技术安全工作展开所需的技术得到保障。与此同时，在实际企业发展的过程中，还应当有专门的信息安全检测与防护部门，由专人负责企业信息系统的安全防护工作，及时发现企业信息系统存在的安全隐患，并进行问题的调整，以使企业财务数据的安全性得到有效保障。

（三）提高企业财务分析人员专业素养与能力

大数据时代是一个信息化时代，这个时代中企业财务数据工作人员必须要有更强的能力以及素质，相关工作人员需要对财务数据分析有一个全面了解，还要对现代大数据时代背景有全面的了解与认识，以此为根基进行财务数据分析，这样才可以保障财务数据分析的准确性、科学性。因此，为保障企业大数据时代财务数据分析工作有序进行，需要企业在发展的过程中对财务工作人员的专业性提升给予重视。从招聘入手，注重具有财务专业知识、财务从业资质的人员招聘，保障企业财务工作人员都是具备相关专业知识的人员。对现有财务工作人员的培训给予重视，通过加大培训力度，使企业财务工作人员都有机会接受培训，学习财务相关的专业知识，特别是对现代财务数据处理的信息技术技能培训给予关注，使企业财务工作人员能够及时了解到最前沿的财务数据相关信息技术、系统的应用方式，形成现代化财务数据分析理念，在进行财务数据分析的过程中，可以做到科学、合理。积极鼓励企业财务工作人员进行学习，提升财务工作人员自主学习能力与意识，这样在实际进行财务数据分析的过程中，工作人员就可以利用自身所掌握的专业知识，全面、准确地分析，使分析可以与现代企业所处市场环境相符。

第二节　大数据及可视化技术与财务分析的融合

一、大数据及可视化技术与财务分析融合的必要性

（一）财务分析决策效果的智能化需求凸显

"随着大数据及人工智能的快速发展，展现出大数据及可视化技术与企业财务分析工作融合发展的新趋势。"[1]

财务分析的最终目的是为财务报表使用者作出相关决策提供可靠的依据，其决策效果也将随着外部环境的转变面临新的需求。尤其是在云财务、业财融合的发展趋势下，财务分析决策效果的智能化需求日益凸显。

一方面，决策者所需的有效信息不仅包括企业目前的内部财务状况和经营业绩，还包括国内外经济环境、行业政策和趋势、未来发展动态等各类信息。在传统财务分析的工作模式下难以获取企业内部情况与外部态势进行有机结合分析的结论，存在着由于信息不对称带来的经营风险和财务风险，从而难以满足高质量财务分析和企业战略决策的智能化要求。

另一方面，传统财务分析的成果以标准化的财务分析报告为主，存在着内容有限、形式单一、结构固化等局限性。在大数据技术的发展进步下，企业财务分析工作不仅能够充分利用人工智能的优势，将烦琐重复、耗时费力的数据处理等前端工作交给系统来完成，还能依靠大数据可视化等技术将财务分析的结果以更灵活便捷、丰富多样的形式展现，为企业决策者提供更丰富、多视阈、交互式的个性化财务分析报告，信息使用者可以根据自己不同的需求进行匹配。

同时，财务分析报告中的各项指导意见也将被赋予精细化要求，可按业务领域、业务流程深入分析，有助于获得高质量财务分析结果，针对性地为企业决策者提供指导意见，

---

[1]　郭梦婷. 大数据及可视化技术与财务分析的融合研究［J］. 中小企业管理与科技，2022（17）：111.

为企业管理决策提供更全面的信息保障，从而更好地实现财务分析的真正目的。

（二）数智化环境驱动财务分析内容发生变化

随着互联网、大数据、人工智能等信息技术的普及，财务工作模式随之发生改变，向自动化、数字化和智能化转型。企业的财务分析工作随之显示出指标分析量逐渐增大、非财务指标比重逐步上升、业财交互趋势日益凸显等新发展趋势。

第一，财务指标反映出的财务状况具有相对性、片面性和滞后性，需结合业务数据及行业的整体状况进行综合分析才更具意义。为实现财务分析的更优目标，企业需通过关联和分析更广范围的数据，如库存数据、生产数据、销售数据、资金管控数据等，才能为财务决策带来更加有效的数据支持。而在传统人工工作模式下，及时准确获取这类信息指标难度很大，大数据挖掘和分析技术的重要性和必要性随之凸显。

第二，宏观环境、行业动态、政策导向、市场反馈、产品研发等外部非财务指标同样对企业财务决策具有重要意义，而传统财务分析工作中无法快速有效地收集和处理此类信息。大数据技术则能帮助实现对非量化指标的比较和分析，将外部指标囊括在财务分析工作范围内，为高质量财务分析提供支撑。

第三，传统财务分析工作是按会计准则核算产生的财务数据为分析出发点的，而财务数据源于业务情况，若不能正确把握财务与业务数据间的关联，从业务视角对财务问题进行推断分析，则无法找出财务指标折射出的企业内在经营管理问题，最终削减财务分析的效果。而大数据技术能够通过建模等方式，将内外部财务与企业业务数据进行融合处理和交互分析，以更优匹配财务分析发展新态势。

（三）海量数据的处理亟须新技术工具的支持

及时准确的海量基础数据决定了财务分析的质量和效果，而传统财务分析主要依赖Excel、WPS等办公自动化软件，工作处理方式以人工机械化为主，存在大容量数据下运行缓慢、不同来源数据无法快速兼容、数据可视化效果不佳等问题，难以从海量的数据和复杂的计算逻辑中得到有效解决方案。具体而言，在数据采集环节，点对点式的人工交互手段，只能够帮助解决少量、低频的数据需求，很难满足企业外部更为复杂、大量、高频的数据采集需求；在数据存储方面，传统的行式关系型数据库在非结构化数据的处理方面，与大数据库的源数据相比劣势突出。

此外，传统财务分析工作起点是按照会计准则的规定进行账务处理而生成的财务数据，会计核算人员在进行会计分录编制或经济业务判断的过程中，难免受其专业能力、主观思维影响而发生错误，财务数据及相关指标会面临失真情况，且传统财务分析的技术手段又无法实现对数据进行自动检测并纠错的功能。

因此，随着数据量级增长以及数据类型的多样化，对海量数据的处理亟须与之匹配的新技术工具的支持。将大数据技术融入财务分析工作，运用信息技术和人工智能对扁平化的海量数据进行优化处理，并利用数据挖掘、数据清洗、大数据仓库、数据可视化技术等，将前端数据转化为融合专业知识的有效信息，有效支持企业工作人员及时展开对财务数据的查询和分析，帮助企业实现对经济业务的实时监测和把控，从而提升企业管理水平。

二、大数据及可视化技术与财务分析融合的应用价值

（一）加快信息传递速度，降低企业营运成本

在大数据技术支持下，智能化的财务分析系统能根据不同财务分析结果，提供多视阈、交互式的个性化财务分析报告，充分匹配财务分析在新形势下精细化的要求。企业各职能部门间的信息孤岛将被打破，建立互联互通的内部数据共享中心，信息使用者获取信息的途径也更为便捷多样，准确可靠的信息亦能更为及时地送达相关人员，提高信息传递的及时性。同时，能够帮助检验业务数据与财务数据交叉呈现的错误，为财务工作提供更为及时、准确、全面的信息支持，帮助应对内外部可能发生的变化或风险，使企业的运营成本得到降低。

（二）提高数据处理效率，改善财务信息质量

在大数据技术和互联网功能的支持下，智能化的数据处理技术对海量的基础数据进行自动收集整理，并按照确定的逻辑进行对比、计算和分析，构建一体化、智能化的财务分析模型体系。各项财务数据、行业指标、业绩情况的重复计算，都交由计算机完成，不仅大大提高数据处理的速度和准确率，减少人为因素下潜在的错误发生概率，而且能整合经济组织内外环境的大数据，提供更具参考价值的信息。

（三）增强风险管理能力，提升企业整体业绩

将大数据挖掘分析和可视化等智能技术应用于企业财务分析，针对各信息使用者的不同需求，制定动态的、个性化的财务分析模型。除了传统的财务指标以外，大数据财务分析还新增了数据评估、数据交易、数据搜索等新型拓展功能，保证数据的真实有效的同

时，能够将企业的分析结果进行全方位、多角度的对比，实现对经济组织的系统全面分析。企业人员在解读数据分析结果、分析产生差异的原因后，能够针对性地提出解决问题的有效途径，提取创造商业价值的有效信息，增强企业风险管控能力，促进先进信息技术与创新管理理念的有机融合，提高企业的经营管理水平，增强企业整体业绩和行业竞争力。

（四）拓宽财务分析职能，优化企业决策机制

大数据财务分析能够充分利用人工智能的优势，运用智能化技术完成数据的筛选和清洗，减少管理层为收集、汇总数据信息所花费的时间和人力成本，企业管理层能将更多的精力投入评价企业经营业绩、探讨未来经营计划制定等方面的工作中。利用大数据为企业洞察、预测未来，支持战略层面的管理决策，从而使财务分析工作的职能得到延伸。

此外，企业决策层不仅能根据账面财务数据来推断企业目前的财务状况，而且能利用大数据技术所支持的外部财务数据等帮助预测公司未来经营状况，克服传统财务分析的滞后性等缺陷，及时将各类指标建立起动态联系，以满足内部评价和对外披露的需求，企业的经营决策机制得到优化和改善。

三、大数据及可视化技术与财务分析融合的逻辑框架

（一）数据的获取和整理

数据获取是大数据财务分析工作的起点，利用大数据技术所开发的数据收集系统能够实时抓取企业内外部数据。内部数据不仅来自财务及会计核算系统，还涵盖业务层面的采购、销售和生产等各类数据，外部数据则包括了政策、市场、行业、竞争对手等各类信息。将数据源中杂乱无章的各类数据进行整理，以不同的数据存储结构和形式汇集到数据库中，为后期的数据加工、清洗、分析和可视化等工作提供有效基础和保障。

（二）数据的加工和处理

由于大数据具备海量的规模、高速的流转、多样的类型和低价值密度等特征，在获取数据后，则需要将大量杂乱、抽象的数据源转换为对财务分析目标有规律和逻辑的信息，大数据财务分析中的数据清洗工作正是完成此步骤的重要操作之一。利用智能系统可以实现将数据库中分散、凌乱、非标转化的各项数据进行分类、筛选、剔除、合并、计算、排序、转换、检索等数据加工和整理。在完成数据清洗环节以后，经过数据加工和处理后的

数据会被加载到数据仓库中，以供后续的财务分析工作所使用。

（三）数据的挖掘和分析

在完成数据加工和处理后，为了对所收集的数据挖掘出有价值和意义的信息，则需用全样思维、容错思维、相关思维等大数据思维进行数据挖掘和分析，其中常用的方法包括分组聚合、回归分析、关联规则、特征分析、偏差分析等。数据分析工作主要利用到数据挖掘和联机分析处理两类分析工具，前者为预测型分析工具，帮助提取出隐含在海量数据中可能有价值的信息；后者则是验证型分析工具，支持企业人员从不同角度对数据进行复杂查询或多位分析处理，并以直观简明的形式予以展示。

（四）数据的可视化展示

为实现财务分析的最终目的，需要将数据分析的结果以简明易懂的图表方式进行展现，供企业管理决策人员使用。以图像处理技术为基础的可视化技术能够将晦涩冗杂的数据转换为图像形式，以可视和交互的方式展现给企业内的信息使用者，根据不同工作主题和人员需求匹配与之相对应的可视化展示方式或路径，全面展示业务、财务及税务的相关指标，形象直观地表达数据分析结果的内涵和规律，帮助企业更为高效便捷地开展经营管理、投资决策、风险预警、成本管控等工作。

四、大数据及可视化技术与财务分析融合的推进策略

（一）完善专业人才培养考核体系

企业的财务岗位随着业财一体化、大数据智能分析的发展将被赋予新的内涵和要求，也对财务人员提出了更高的岗位要求。将大数据及可视化技术运用于财务分析工作，要求其使用者须熟悉相关的编程语言，如Python、Matlab、SQL等，而目前财会人员对此几乎是零基础，面临着专业技术人才配备不足的问题。企业需加强对传统财务人员在大数据应用技术方面的培训与学习，并充分挖掘精通财务知识的同时又具备信息技术手段的人才，进一步完善人才培养考核体系，全方位提升企业人员的专业素质和技能水平，为大数据财务分析工作建立起专业化团队。

（二）增强企业数据信息的安全性

在数智化时代，随着大数据技术的逐步推广和应用，各经济组织间的联系越来越紧

密，获取信息的途径和渠道也越来越便捷，因此保障企业数据信息的安全将成为大数据财务分析的重要任务之一。企业的财务数据、知识产权、商业机密等信息可能会不慎泄露、被窃取或篡改，从而导致潜在的安全风险。因此企业在开展财务大数据分析工作的同时，务必重视数据信息安全，强化企业人员的数据安全意识，并从技术上提供支持和保障，增加数据信息保护的方式和方法，为企业信息安全加固屏障，搭建一套安全、完整、高效的大数据平台，为财务分析及经营决策提供有效支撑。

（三）重视数据获取成本与效益的统一

在利用大数据技术抓取数据时，企业会面临实时多样、零散碎片的海量数据，其中不乏对企业而言无意义的数据。而获取数据的过程势必会产生成本和费用，因此在信息的获取与存储过程中，需要考虑到成本效益原则，而非盲目获取大量数据，忽视数据带来的收益。企业在大数据技术应用于财务分析的过程中，应在前期做好部署和规划，根据自身明确需求对数据信息进行筛选，加强对信息有用性识别。在尽可能充分挖掘数据的同时，做好获取数据信息的成本控制，同时减少超负荷的数据运算和处理对系统带来的高维修或更换成本的可能性。

第三节　大数据时代下企业财务决策和内部控制

一、大数据时代下的企业财务决策

（一）大数据技术为企业财务决策创造的机遇

1. 数据的收集与存储

传统的财务决策所使用的数据大多是企业内部的结构化数据，而大数据技术为企业财务决策所需数据的获取来源和存储提供了新的可能性。大数据时代为企业财务部门带来庞大的数据源，利用大数据技术，除了能够获得企业内部数据，如财务报表数据，还可以通过互联网、社会化网络等多种媒介从供应商、客户、同行企业、税务部门、政府部门等多方面获取更多的数据信息，不仅包括结构化数据，还有更多的非结构化数据，进一步夯实了数据基础。以往由于技术条件不足，对大部分非结构数据无法进行有效的存储。现在在大数据技术的帮助下，可以通过建立数据仓库的形式对原始数据进行收集存储，将所有数据整合到一起。

2. 数据的分析与挖掘

传统的企业财务决策分析方法已经无法完全适用于大数据背景下纷繁杂乱的大量数据，需要利用大数据技术对数据进行提取、过滤和分析，挖掘出数据看不见的价值。比如使用大数据技术，进行数据内容的自动抓取，对数据内容进行分析，可以节约企业财务部门的人力资源，提高财务决策的客观性和准确性。通过大数据关联分析技术对财务数据相关指标的关联性进行分析，从而预测该指标的发展趋势，进行实时动态分析，尽早地从数据中获得隐藏价值，比同业竞争对手掌握更多的信息，更好地助力企业管理人员进行财务决策管理。

（二）大数据技术在企业财务决策中应用的可行性

1. 经济可行性

在现代企业生产经营活动过程中，企业管理人员做出的任何决策都离不开成本效益的比较评价，因此，基于大数据技术进行财务决策同样要考虑经济效益原则，降低企业成本、充分合理地利用企业现有资源的有效手段。将大数据技术引入到企业财务决策过程中，一方面能够利用大数据收集技术获取企业财务决策所需要的各种类型数据，然后利用大数据分析与挖掘技术，发掘数据资源的使用价值，辅助企业进行精准有效的决策，为企业创造更大的收益。另一方面，大数据技术主要涉及软件系统开发，企业数据的获取可以通过与企业内部系统和互联网进行连接，无须投入更多的资本购买新的硬件装备。企业数据的分析和处理只需在系统软件上进行，总的来看，大数据技术在企业财务决策中的应用成本低但效益高。因此，对于一般的企业来说是可以承担大数据技术的使用所带来的经济费用的。

2. 技术可行性

从硬件系统上看，计算机硬件技术的发展升级为企业财务决策平台提供了基础的硬件保障。从软件系统上看，数据仓库、智能财务系统等在内的数据软件为多样化、智能化的财务决策平台提供了先进的软件支持。

就大数据技术来说，大数据收集技术的应用使得企业对于非结构化数据的采集处理具有较强的可实现性，很大程度上提升了企业对非结构化数据的利用价值。互联网系统和智能终端的发展，也大大拓展了企业获取非结构化数据的信息渠道，丰富了企业的数据信息基础，提高了企业财务决策的准确性。企业管理人员运用大数据处理技术可以帮助企业更好地分析经营业务数据和财务活动数据，充分挖掘出这些数据背后的潜在价值，为企业的财务决策方案提供依据。从数据到图形的可视化技术，帮助企业管理人员更好地理解财务指标的分析结果，并以此为依据，制定财务决策方案。

（三）大数据技术在企业财务决策中应用的分析方法

随着大数据技术的不断发展，目前在各行各业所使用到的数据模型也越来越多。大数据技术在企业财务决策领域中的应用同样表现为通过建立数据模型，进行数据分析，从而辅助管理人员进行决策的过程。常用的分析方法是以统计分析为基础，包含聚类分析、关联规则分析、决策树算法等。

1. 统计分析

统计分析方法是大数据技术在企业财务决策中应用的最基础的方法模型。统计分析方法一般包括回归性分析、时间序列分析预测、残差分析、趋势分析和比较分析等。利用回归分析方法模型，可以发现某一经济指标的影响因素，研究不同经济指标之间的相关关系。比如回归性分析可以广泛地应用到企业的经营决策中。在企业的销售环节中，通过对产品的销售价格、广告投入费用、产品的销售量等做简单的线性回归分析，可以发现产品销售量具体受哪些因素的影响，最重要的影响因素是什么，从而帮助企业管理人员制定更为精准有效的销售方案，实现企业盈利的最大化。

2. 聚类分析

聚类分析是大数据挖掘技术中的重要模型之一，主要是根据数据仓库中样本数据的自身特点对被聚类的对象进行类别划分的分析方法。聚类分析一般是先对样本数据进行预处理，然后定义相似度度量，使用适合的聚类算法对样本数据集进行聚类划分，得出聚类结果。最后，使用选定的评价指标对聚类结果进行评价和解释。聚类分析可以广泛地应用到企业的财务决策过程中。比如企业在制定营销决策时，可以事先将收集到的目标市场上的用户信息数据进行聚类分析，将用户分为高收入、中等收入和低收入三大类，从而根据不同的用户需求制定不同的营销策略。

3. 决策树分析

决策树算法通常应用于分类需求，用直观可理解的方式将数据逐步分类，用类似流程图中决策树的结构描述分类结果。在数据处理过程中，它主要采用统计学上的概率分析法来进行计算。决策树的每个内部节点表示在一个属性上的测试，每个分枝代表一个测试输出，而每个树叶节点代表类别或者类别的分布。决策树模型提供了一种快速判断什么条件能够获取何种数值的方法，例如，在贷款审批中，要对申请人的风险做出分类，此时沿着决策树从上到下根据每一个节点的问题进行回答，最后到达的节点就是最终所需求的结果。决策树的优点在于可以生成可理解的规则并清晰地显示哪些字段比较重要。

4. 可视化分析

结果的展示主要是以数据可视化的形式向企业管理决策人员呈现分析结果，如以趋势图或地图的形式展示企业的盈利能力等，是实现决策者与硬件工具进行动态交互的重要基础。传统的财务分析模式和决策方案制定结果一般是以静态的变化形式出现，内容形式比较单一。而大数据技术中的数据可视化技术能够将复杂抽象的数据以动态的形式进行展现模拟，给企业决策者将财务分析结果以直观的图形进行表达，使财务分析结果简单明了，为企业管理人员制定相关的财务决策方案提供清晰明了的思路。

数据可视化技术随着大数据的发展，逐渐被企业在日常经营活动和财务活动过程中广泛应用。Power BI 是目前比较热门的数据可视化平台，它是由微软公司开发推出的用于分析数据和结果共享的一套可视化业务分析工具，它在企业实际应用过程中发挥出的主要作用是通过数据可视化的形式将数据的变化直观地呈现出来，并将隐藏在数据背后的价值信息以讲故事的形式分享给企业用户。

Power BI 平台主要包括了数据整理（Power Query）、数据建模（Power Pivot）和数据可视化（Power View）三项基本功能。数据整理的一般过程包括：①连接各种类型的数据源以获取数据；②通过统一数据集的维度名称和数据类型，合并原始数据；③通过对数据的抽取、清洗、加载和转换保证能正确解读数据。数据建模就是通过管理数据指标之间的关系，利用 DAX 函数创建度量值、计算列、计算表和层次结构。数据可视化就是将度量值、层次结构等之间的关系用条形图、瀑布图、仪表盘、地图等形式进行展示，通过时间日期的切片器，实现动态交互，其数据可视化实现的过程如图 6-1 所示。

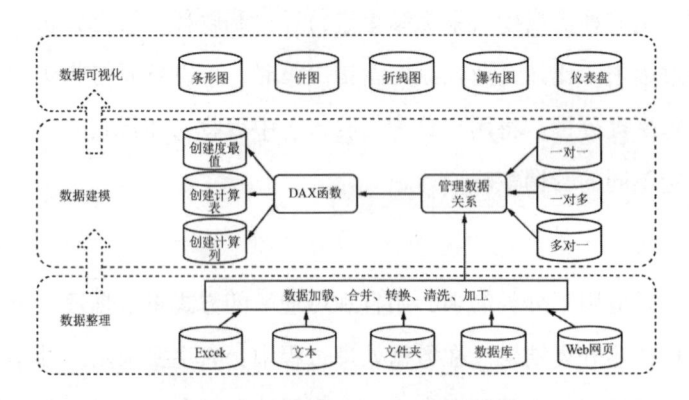

图 6-1　数据可视化实现过程[1]

---

[1] 本图引自李童. 大数据技术在企业财务决策中的应用研究［D］. 北京邮电大学，2021：18

（四）大数据技术在企业财务决策中的应用原则

1. 以财务基本原理为指导

大数据技术在企业财务决策中的应用是以大数据技术为工具，依据财务的相关理论辅助企业管理层制定财务决策方案的过程。因此，大数据技术在企业财务决策的应用需要以财务基本原理为指导。其优势在于以下三点：

（1）基于最基本的财务分析和财务决策原理，大数据技术在企业财务决策的实际应用过程中就可以形成清晰可行的数据分析思路，从而选取适合的财务分析方法，为企业财务决策提供重要的参考价值。

（2）当财务分析结果与事实不符时，可以基于财务基本原理对照大数据平台中的模型公式，对模型中的数据参数进行修改，从而降低了企业管理人员财务决策失误的可能性。

（3）大数据技术在企业财务决策中的应用过程就具备扎实的理论基础，使得财务分析结果能够真正为企业财务决策人员所用，数据分析结果真正发挥出价值。总之，大数据技术在企业财务决策的应用过程中，要严格以财务基本原理为指导原则。

2. 智能化原则

智能化是大数据技术应用于企业财务决策过程中的重要实现目标。

（1）实现数据的数字化管理。企业财务管理人员应充分利用大数据处理技术将企业能够获得的所有数据信息以数字化的形式进行存储，确保基于大数据技术的财务决策平台能够及时有效地对数据进行分析，同时根据分析结果为企业财务人员的决策制定提供支持。

（2）基于大数据技术的企业财务决策平台应该与企业内部所有部门的信息系统进行连接，同时与所有子公司的财务数据和非财务数据仓库进行对接，实现企业内部信息数据和外部信息数据的连通，真正实现企业财务决策平台的智能化管理。

（五）大数据技术在企业财务决策应用中的功能需求

1. 财务指标分析功能

财务指标分析功能是企业财务决策支持平台的基础功能。企业决策人员通过对相关指标进行财务分析，辅助企业管理人员进行决策方案制定。基于大数据技术的财务指标分析功能对于传统的企业财务分析而言，所具备的主要优势在于以下三点：

（1）实现数据的实时分析。传统企业的财务分析所依赖的数据大多是经过会计核算完成后的数据，之后再对有关数据进行分析，这样的分析结果具有一定的滞后性，不利于企业管理人员制定精准有效的财务决策方案。在大数据技术的应用环境下，企业财务分析所依赖的数据是数据仓库中的数据，能够在数据源头上对数据实时进行更新，实现实时数据的财务分析。

(2) 提高企业财务分析结果的精确度。大数据获取技术的应用使得企业能够尽可能地获得所需要的数据，通过大数据处理技术能够对数据进行更好的处理，保证数据的完整性，从而使得财务分析结果更加精准。

(3) 实现不同企业间实时财务指标对比。大数据技术的应用使得企业财务信息系统拓展了数据源，接入了税务、审计、互联网等外部系统，因此，可以提供不同企业间实时财务指标对比功能。

财务指标分析一般可以分为报表结构分析和财务能力分析两大类。报表结构分析主要是基于企业资产负债表、利润表和现金流量表数据进行分析，研究企业的资产结构、负债情况、股东权益结构等。通过研究企业的报表结构，可以初步了解企业目前的财务状况和经营状况。企业的财务能力分析主要可以从盈利能力、偿债能力、营运能力、成长能力、现金流量和资本结构这六个方面进行分析。盈利能力体现了企业在本年度内取得的经营成果，偿债能力和资本结构则表现了企业未来偿还债务的能力，营运能力和成长能力表现了企业的可持续发展能力，现金流量表示企业自由现金流的运转能力。企业财务能力分析相关指标的计算方法如表 6-1 所示。①

表 6-1 财务能力分析的相关指标

能力分析	财务指标	计算公式
盈利能力	总资产报酬率	（利润+利息支出）/资产总额
	净资产报酬率	（利润总额+利息支出）/净资产总额
	净资产收益率	净利润/股东权益总额
	成本费用净利率	净利润/成本费用总额
	销售净利率	净利润/销售收入
	总资产收益率	净利润/资产总额
	每股收益	净利润/股本数
偿债能力	流动比率	流动资产/流动负债
	速动比率	（流动资产-存货）/流动负债
	现金比率	现金类资产/流动负债
	资产负债率	负债总额/资产总额
	利息保障倍数	息税前利润/利息支出
	权益乘数	资产总额/股东权益总额
	产权比率	负债总额/股东权益总额

---

① 李童. 大数据技术在企业财务决策中的应用研究 [D]. 北京邮电大学，2021：18.

续表

能力分析	财务指标	计算公式
营运能力	应收账款周转率	销售收入/应收账款
	存货周转率	销售成本/存货
	流动资产周转率	销售收入/流动资产
	固定资产周转率	销售收入/固定资产
	总资产周转率	销售收入/资产总额
成长能力	营业利润增长率	本期营业利润增加额/上半年营业利润总额
	股东权益增长率	本期固定权益增加额/总资产期初余额
	总资产增长率	本期总资产增加额/总资产期初余额
现金流量	经营活动产生的现金流量净额	现金及现金等价物的净增加额−融资活动产生的现金流量净额−投资活动产生的现金流量净额
	经营活动产生的现金流量净额占比	经营活动产生的现金流量净额/（经营活动产生的现金流量净额+筹资活动产生的现金流量净额+投资活动产生的现金流量净额）
资本结构	自有资本比率	股东权益总额/资产总额
	流动资产构成比率	流动资产/资产总额
	流动负债构成比率	流动负债/负债总额
	长期资本负债率	非流动负债/（非流动负债+股东权益总额）

2. 财务预测预算功能

财务预测预算是企业管理人员制定科学决策方案的前提。财务预测是基于企业生产经营活动和财务活动中的历史数据来预测该指标数据在未来一段时间内的变化情况，比如对企业盈利能力的预测，就可以结合财务报表中的相关盈利能力的指标进行分析，预测企业在未来一段时间内的经营状况。财务预算就是在对经济指标未来预测的基础上，对企业在产品生产成本、销售费用、投资成本等方面进行预算估计，主要目的是对企业未来资金、成本、盈利水平进行测算，便于企业管理人员进行财务决策。

引入大数据技术之后，企业的财务预测和预算系统可以进行实时的动态更改，也就是说，某一个指标的预测或预算输出后并非系统对该指标的预测或预算值就固定不变了，而是系统一旦检测出有新的数据会对该指标的预测预算产生影响，后台就自动对该指标进行新的预测预算估计，并将预测预算结果实时输出。基于大数据技术的财务决策支持平台的财务预测预算功能流程，如图 6-2 所示。

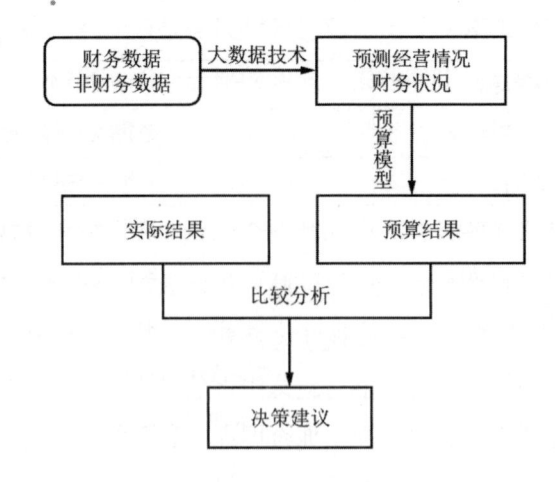

图 6-2　财务预测预算功能流程图[①]

基于大数据技术对企业经营情况和财务状况进行预测，财务管理人员要对企业日常经营活动和财务活动所产生的时间序列数据进行平稳性检验，并对异常值和缺失值进行标准化处理，充分保证数据的完整性；调取模型数据仓库中的时间序列分析模型和趋势分析模型，结合处理后的数据，对企业的财务状况和经营状况进行科学预测；结合资本结构、现金流量等指标预估企业的资金需求量，根据时间序列分析模型和趋势分析模型对企业在未来一段时间内的经营状况和财务状况进行科学评估。

（1）偿债能力预测。对企业的偿债能力进行预测是为了衡量企业是否具有按时偿还到期债务的能力。企业的偿债能力越强，企业就能更容易地从债权人借取资金用于企业的生产经营活动，优化企业的资金结构。基于大数据技术下的时间序列分析方法预测企业的偿债能力，既可以清楚地知道企业当前的债务结构，又可以在未来一段时间内通过调整资本结构来降低资金的使用成本。对企业的偿债能力进行预测，可以基于短期偿债能力和长期偿债能力的时间特性，将流动比率和速动比率作为预测企业短期偿债能力的财务指标，又可以将资产负债率和利息保障倍数作为预测企业长期偿债能力的财务指标。

（2）营运能力预测。对企业的营运能力进行预测是为了反映企业合理运用现金资产的能力。企业的营运能力越强，说明企业运用现金资产的能力越强，能为企业带来尽可能最大的效益价值。在大数据技术条件下对企业的营运能力进行预测，可以选取应收账款周转率、存货周转率、流动资产周转率等指标，综合时间序列分析法和趋势分析法。假如财务预测的结果表明企业生产活动的资金周转速度快，企业的营运能力强，在一段时间内企业获得的经济效益也大，则说明企业对于资金的使用效率高。

---

① 本图引自李童. 大数据技术在企业财务决策中的应用研究［D］. 北京邮电大学，2021：23

(3) 盈利能力预测。对企业的盈利能力进行预测是为了衡量企业在一段时间内的经营状况的优劣。假如企业在该段时间内的盈利能力较强，则说明企业的发展趋势很好，有良好的发展前景，企业获取的利润可以为未来的企业发展提供有力的资金支持。同时也会吸引投资者对企业的生产经营进行投资，为企业带来更大的效益价值。基于大数据技术下的时间序列分析法和趋势分析法对企业的盈利能力进行预测，可以选取总资产报酬率、净资产报酬率、销售净利率等财务指标作为预测的分析指标。

(4) 成长能力预测。对企业的成长能力进行预测是为了衡量企业未来的发展速度和进步空间。企业较强的成长能力往往伴随着企业公司规模的不断扩大，业务范围的不断拓展，市场占有率的持续增加。在大数据技术条件下，基于时间序列分析法和趋势分析法对企业的成长能力进行预测，可以选取营业增长率、总资产增长率、自由现金流量等财务指标作为分析预测的指标。通过对企业成长能力的预测分析，考察企业在未来的生产经营活动和财务活动中自由现金流量的变化趋势，预测企业在未来的融资活动和筹资活动所产生的自由现金流量的多少。

3. 财务决策支持功能

财务决策支持功能是大数据技术应用在企业财务决策过程中的最根本的功能体现。在以往的财务决策制定模式下，企业决策人员除了依据基于会计核算数据的财务分析结果，还凭借自身多年的财务决策经验进行财务决策方案的制定，具有一定的片面性和主观性。而将大数据技术引入到企业的财务决策过程中，使得企业财务决策更多地依赖于对企业数据的处理分析，基于财务分析结果制定更为客观精准的财务决策方案。同时，基于决策数据仓库中以往的数据信息和数据模型，可以为企业管理者进行决策方案制定时提供参考依据。

基于企业财务决策内容分类的角度，企业的财务决策支持功能一般包括四个方面：①经营决策支持；②投资决策支持；③融资决策支持；④利润分配决策支持。

(1) 企业的经营决策可分为生产决策、销售决策和存货决策等。

生产决策，一般包括产品的生产计划决策和生产成本决策这两部分内容。企业的生产计划决策是基于企业管理者签订的产品生产合同上的交货日期等指标的分析结果制定产品生产计划的安排方案和执行方案。企业管理者通过对财务指标进行分析，发现企业产品生产过程中可能发生的问题，通过制定产品生产决策方案，解决这些可能存在的问题，同时进一步提高企业的生产经营效率。产品的生产成本决策可以从原材料成本、制造车间工人的薪酬、车间的投入产出等指标进行财务分析，辅助企业管理人员制定科学有效的生产成本决策方案，从根本上降低企业的生产成本，实现企业利润的最大化。

销售决策，是基于产品库存、产品销售额、应收账款、主营业务收入和销售费用等指标进行分析，绘制销售额趋势图、产品库存趋势图等，辅助企业管理人员进行销售决策方案的制定过程。

存货决策,是基于对库存商品数据的统计分析,发现存货数量的变化趋势图。若产品存货积压过多,导致企业资金周转率低,会给企业带来潜在风险。因此,企业管理人员可以调整库存结构,制定低价格战略的存货决策措施,通过薄利多销的方式把存货销售出去,解决企业潜在的问题。

(2) 企业的投资决策是利用企业内部的闲置资金,投资企业项目,期望为企业带来较优的投资收益的决策过程。投资决策的一般过程是:首先要明确投资的目标对象,确定投资方向;然后对企业内部的资金结构进行分析来制定切实可行的投资方案;最后组织企业的相关决策人员对备选的投资方案进行评价,并结合投资风险和企业自身发展的需要,确定投资决策方案。

(3) 企业的融资决策是基于企业实际发展的需要,企业决策人员选择合理的融资金额和融资方式,降低企业的财务风险的过程。通过对企业资产负债率、资金结构等指标进行分析选择适当的融资金额,提高企业的资金周转率,通过向银行借款、在股市市场发行股票和在债券市场发行债券等方式进行融资,降低企业的资金使用成本。

(4) 企业的利润分配决策是企业管理人员在年底根据当年企业的盈利情况,同时考虑到企业的长远发展需要,制定股东利润分配方案的过程。利润分配决策一般涉及股东之间分配比例和分配方式等决策方案的制定。

(六) 基于大数据技术的企业财务决策支持平台的结构设计

基于大数据技术的企业财务决策支持平台的结构设计框架如图 6-3 所示。

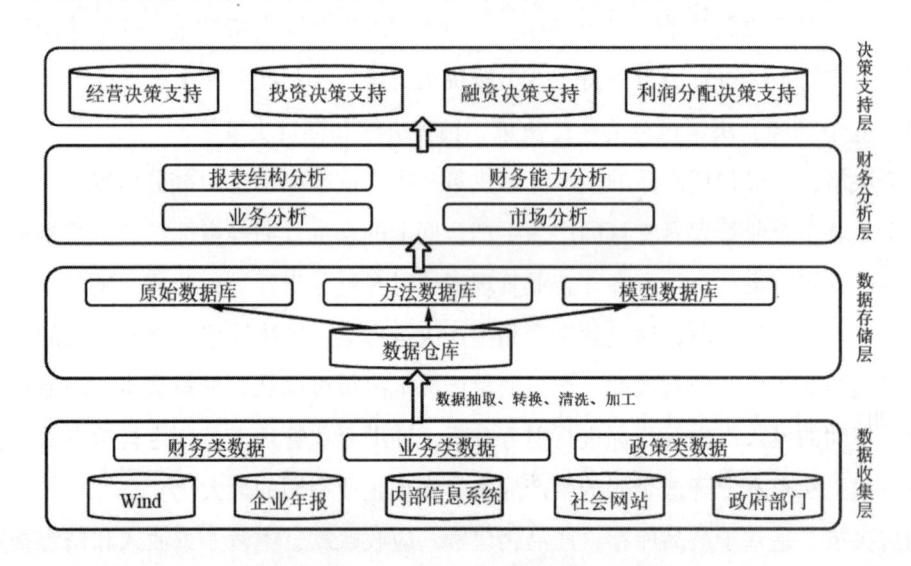

图 6-3 基于大数据技术的企业财务决策支持平台的结构框架

1. 数据收集层

数据是企业管理人员进行决策的基础。大数据技术的使用，解决了企业传统财务数据分散和滞后的问题，通过对企业的综合核算数据和业务数据进行集成和实时更新，使得企业人员决策的数据基础更加稳固。

基于大数据技术获取的原始数据主要包括财务类数据、业务类数据、政策类数据三类。财务类数据主要包括财务报表数据和财务能力指标数据；业务类数据是企业日常生产经营活动中产生的非财务数据，主要包括供应商的基本信息、客户基本信息、订单合同等非结构化数据和企业销售额、生产成本等结构化数据；政策类数据主要是企业人员从外部获取的数据，主要包括财政法律法规、会计政策、会计制度、财务准则等宏观环境数据和政策性数据，经过简单的数据分类后存放到数据收集层。

从数据来源来说，在大数据技术的帮助下，企业不仅可以从企业内部数据库、OA办公系统、金融数据库等获取财务类数据或业务类数据等，还可以从企业外部网站、社交媒体网络等外部环境通过爬虫获得文本数据、宏观经济数据等政策类数据。

2. 数据存储层

由于财务类数据在金融数据库中是公开的、可获取的，可以直接从数据库导出相关财务数据报表和财务能力指标数据，然后通过连接接口导入到企业财务决策支持平台中。对于业务类数据和政策类数据，难以直接导入平台中，需要借助于大数据技术如Hadoop技术进行处理，有效存储传统数据库难以存储的数据。

在数据存储处理的过程中，需要构建以下类型的数据仓库：

（1）原始数据仓库。原始数据仓库主要包括财务类数据、业务类数据和政策类数据，通过对这些数据分类汇总，构成完整的原始数据仓库。

（2）方法数据仓库。方法数据仓库主要包括财务分析方法、财务决策方法、财务指标的计算公式等各种方法和算法，和企业管理人员的历史财务决策方案数据。企业管理人员在后续进行相关财务决策时可以借助这些财务决策经验措施来辅助新的财务决策方案制定。

（3）模型数据仓库。模型数据仓库主要包括财务分析、财务预测和财务决策的数据模型，比如杜邦财务分析体系、沃尔森财务分析评价体系和相关财务指标的趋势分析模型等。

3. 财务分析层

通过利用模型数据仓库中的各种财务分析模型对原始数据仓库中的数据进行提取和分

析，根据分析结果为企业管理人员提供相关的财务决策支持。比如，企业人员可以基于原始数据仓库中的财务类数据选取适当的财务分析指标，调用方法数据仓库中可以适用的财务分析方法，对企业财务活动的某一环节进行分析。企业财务分析结果是用来评价企业经营状况和财务状况的重要标准，是企业管理者、股东、投资方、债权人制定相关决策方案的重要凭据。基于大数据技术应用下的企业财务分析是以原始数据仓库中的数据为基础，采用方法数据仓库和模型数据仓库中的技术方法和技术模型，对企业过去和现在的经营情况和财务状况进行分析和评价，为企业管理者制定精准有效的财务决策方案提供依据。

财务分析层可以分为以下模块：

（1）报表结构分析模块。报表结构分析模块部分可以分为三个子模块：①资产分析模块，主要包括资产结构分析、货币资金的变动情况分析、存货分析和应收账款分析等；②负债分析模块，主要包括负债结构分析、流动负债和非流动负债的变动情况等；③股东权益分析模块，主要包括股东权益构成情况分析和实收资本分析等。

（2）财务能力分析模块。财务能力分析模块部分可以分为六个子模块：①盈利能力分析模块，主要包括对总资产报酬率、净资产收益率和销售利润率的变动情况分析等；②偿债能力分析模块，主要是对资产负债率、流动比率和速动比率的变动情况分析等；③营运能力分析模块，主要是对资产周转率、应收账款周转率和存货周转率的情况分析等；④成长能力分析模块，主要是对资产增长率、股东权益增长率的变化情况分析等；⑤现金流量分析模块，主要包括现金的总流入分析、现金的总流出和经营活动现金流量净额变化情况分析等；⑥资本结构分析模块，主要包括自有资本比率变动分析、流动资产构成比率变动分析和流动负债构成比率变动分析等。

（3）业务分析模块。业务分析模块部分可以分为三个子模块：①生产分析模块，主要包括对原材料、职工薪酬和费用要素的变化情况分析等；②销售分析模块，主要是对产品销售额、广告宣传费用变动情况分析；③存货分析模块，主要包括存货数量和存货方式的变动情况分析等。

（4）市场分析模块。市场分析模块主要包括行业竞争对手分析、行业政策变化分析和市场份额的变化情况分析等。

4. 决策支持层

（1）经营决策支持。企业的经营决策一般包括生产决策、销售决策和存货决策等。以生产决策来说，可以结合该产品以往的销售情况和当前的库存情况决定最佳的生产数量，降低因产品生产过多而产生的不必要的成本花费。因此需要对产品的销售数量和库存数量做趋势分析，预测未来的生产数量，辅助制定生产决策方案。

以销售决策来说，可以选取原始数据仓库中的产品销售额、销售成本、销售费用、广告宣传费用等业务类数据作为财务分析的核算指标。然后通过趋势分析方法在财务决策支持平台展示产品销售额变化趋势图和产品成本费用的趋势对比图等，辅助企业管理人员制定最优的销售决策方案。

以存货决策来说，企业的存货决策主要涉及的是材料和产成品的决策，主要是为了确定合理可行的经济订货量和何时订货才是最有利的时机，以达到在存货上耗费的总成本最小的目的。但企业在下一年度产品销售量的不确定性使得存货决策方案的制定成为问题。企业管理人员可以借助以往存货决策支持数据库的信息，并对历史销售数据、存货数量以及用户调研数据，运用决策树方法帮助企业管理人员确定需求量的变化范围和发生概率，并提供最优方案的参考数据。

（2）投资决策支持。大数据技术在企业投资决策分析的应用过程主要有四步：①结合企业发展的短期目标和长远规划，确定当前企业发展过程中最需要投资的目标对象；②结合数据仓库中的企业面临的内外部投资的宏观经济环境数据、行业变化趋势数据，以及同行业竞争对手的相关市场信息数据，结合模型数据库中的分析模型对企业项目的投资风险和投资成本进行分析，尽可能地使投资风险和投资成本最小化；③基于对时间价值因素的考虑，结合数据仓库中的净现值、现值指数等相关财务指标对此次项目的投资收益进行预估；④对照方法数据库中历年来企业投资决策的具体实施情况，对现有的投资决策方案进行评价，从中选取最优的投资决策方案。

在投资决策中，需要分析投资项目的基本类型，评价投资的资产组合因素，深入分析投资决策指标，模拟投资过程，制定投资决策和风险防范措施。具体而言：①根据企业内部每年的历史数据对企业的资金组成结构和使用情况以及变化趋势等方面分析；②从时间、财务指标、同行业情况、市场定位、消费者偏好、负债情况等维度对投资环境的变化趋势分析，并从时间、行业分类等维度对投资报酬和风险等方面分析；③对投资收益进行预测，采用净现值法、内含报酬率法、回收期法、净现值率法等模型对不同投资项目评价；④结合方法数据库中的以往历史数据判断，选择最优的投资项目。

（3）融资决策支持。大数据技术在企业融资决策的应用一般包括企业对融资时间的选取、融资渠道的选择，融资金额的考量、融资成本的计算和融资风险的预估。在融资决策的实践应用过程中：①对财务类指标进行分析，如资产结构、资金的使用情况和当前企业的债务结构等，②对于企业管理人员进行融资所带来的融资成本、资金获取时间的长短和融资方式的选择等方面进行考量，分析不同融资方案给企业带来的风险。在对所有因素进行综合考量后，选择出最优的融资决策方案。

在融资决策中，企业财务人员需要先对企业的资产情况和负债情况进行分析，通过建立资产结构、债务结构等多个模型分析企业的资产构成和债务构成，为企业选择合适的融资方式提供决策依据。大数据技术在企业融资决策的应用过程中，改变了传统化单一的融资模式，不仅依靠银行借款进行企业融资，而且充分利用大数据技术的优势，将收集到的资本市场信息、行业政策等外部信息汇总到信息平台，帮助企业拓宽融资渠道，比如存在企业重组兼并、发行公司债券等多种形式，降低企业的融资成本，提升企业的经济效益。

（4）利润分配决策支持。将大数据技术应用到企业的利润分配决策过程中，应从三个方面进行考量：①在满足企业日常生产经营活动和财务状况良好的条件下，着重考量企业经营活动产生的现金流量、资产结构和资产流动性所带来的影响；②基于股东实际控制权的考量，即在企业日常发展保持稳定的情况下，对股东的实际收入和控制权进行实际考量；③基于对债权人利益的考量。按理来说，企业在对股东进行利润分配之前，需利用企业的现有盈利资金先偿还债务，保护债权人的合法权益。因此，对企业利润构成、利润分配比率等数据指标综合分析时，应结合企业的负债情况、经营发展情况、股东权益和相关法律法规的要求，确定最佳的利润分配方案。

二、大数据时代下的企业内部控制

（一）大数据时代下企业内部控制的关键因素

"随着我国经济增长速度的不断加快，企业之间的竞争也越来越激烈。企业要想在严峻的市场环境中求得生机，需要依托大数据时代这个发展背景下，不断提升企业对于大数据的认知程度，完善现有的内部控制工作，实现企业的可持续发展。"[1]

第一，数据质量与完整性。在大数据时代，企业的运营和决策更加依赖于大量的数据。然而，如果数据质量不高或者数据完整性受到威胁，企业的决策将会出现偏差，影响到企业的发展。因此，确保数据的准确性、完整性和一致性成为内部控制的首要任务。企业需要建立健全的数据采集、存储、清洗和验证机制，采用先进的技术手段来确保数据的质量和完整性。

第二，数据安全与隐私保护。随着大数据的广泛应用，企业面临着越来越多的网络安全威胁和数据泄露风险。保护企业数据的安全和隐私成为内部控制的关键因素。企业需要采取严格的数据安全措施，包括加密技术、身份认证、访问权限管理等，确保数据不受未

---

[1] 姜雪. 大数据时代下的企业内部控制分析 [J]. 中国民商，2022（2）：58.

经授权的访问和篡改。

第三，数据治理与合规性。在大数据时代，企业可能涉及到海量的数据来源和数据类型，涉及多个国家和地区的法规和标准。因此，建立有效的数据治理体系和合规性框架非常重要。企业需要制定明确的数据治理政策，确保数据的合法性和合规性，同时遵循数据保护法规和隐私规范。

第四，数据分析与挖掘。大数据时代提供了更多的商业洞察和决策依据，但也带来了数据分析和挖掘的挑战。企业需要拥有强大的数据分析团队和工具，能够从海量数据中挖掘出有价值的信息，并能够将这些信息转化为实际行动和业务优势。

第五，业务流程优化。大数据技术的应用使得企业能够更好地了解自身的业务流程，发现潜在的问题和改进机会。因此，优化业务流程成为提高内部控制效能的关键因素。企业需要持续地对业务流程进行审查和改进，确保其高效、透明，并符合最佳实践。

第六，人才与培训。大数据时代需要企业拥有更多的数据科学家、数据分析师和信息技术专家。因此，招聘和培养高素质的数据人才成为企业内部控制的重要环节。企业需要加强员工的数据意识和数据素养培训，提高员工对数据安全和隐私保护的重视。

第七，供应链管理。对于涉及复杂供应链的企业，大数据时代下供应链管理尤为重要。企业需要建立透明、高效的供应链信息系统，实时监控供应链的动态，降低供应链风险，确保供应链的可靠性和稳定性。

（二）企业内部控制视角下财务风险管控策略

1. 改善企业财务内部控制环境

企业在进行财务风险管控时，应该最大程度上展现出内部控制工作的重要性。结合市场发展规律，对企业内部控制各项管理工作进行优化统筹，为内部控制工作提供良好的环境。此外，企业还应该把握自身的经营发展特点，合理地进行企业内部控制结构岗位设置，在内部控制管理工作当中进行合理全责分配，保障企业内部控制工作发挥出最大效力。实现企业决策执行、监督分开运行，构建出明确的内部制衡制度，杜绝权力交叉问题出现。还应该结合当前信息化技术发展趋势，强化企业内部信息沟通交流的及时性、精准性。构建企业财务风险预警机制，及时发现财务风险萌芽，并将其扼杀在摇篮里。对企业内部控制徇私舞弊问题进行严格管控，切实有效降低企业财务风险。

2. 完善财务风险评估处理机制

企业财务风险评估处理机制，是企业财务风险管理的关键程序。企业要从两个层次对企业财务风险评估机制进行完善。

（1）依据财务风险评估程序的要求，在组织机构上设置专门负责风险评估的管理岗位。在财务风险评估程序当中，制定出完善的风险评估程序。在严谨的风险评估程序之下，明确风险目标，并且做好财务管理工作，对各个环节的风险目标进行把控，构建出有指导性、可操作的风险评估报告以便于企业领导进行决策利用。

（2）对风险评估报告进行分析，结合风险评估报告的内容构建起财务风险预警机制。若一旦出现了财务风险，应该第一时间进行财务风险预警，并且采取应对措施，最大程度上规避风险、化解风险。

3. 健全内部控制信息传递沟通系统

为了有效提升企业内部信息沟通效率，企业要构建出完善的内部控制信息传递沟通系统，有效避免贪污腐败问题出现。加强财务人才培养，切实提升财务人员的信息分析能力，营造出廉洁从业工作氛围，切实为管理者提供正确的决策信息，规避生产经营过程当中潜在的财务风险。构建出高质量的内部信息沟通系统，在企业生产运行过程中早期对财务风险进行把控。顺畅举报投诉渠道，帮助企业管理层随时发现问题、解决问题，避免潜在的隐形风险。

4. 构建内外审计相结合的监督体系

内部审计与外部审计目标是一致的，都是为了更好地对企业财务管理工作进行监督。为了弥补内部审计工作的弱点与不足，企业决策者以及管理者必须要加强改进内部审计工作，从法律法规支撑、制度标准执行、权利赋予运用、人员配置等诸多层面来强化内部审计力量，有效保障内部审计工作的独立性。

此外，还应该借助外部审计工作对企业的经济业务活动开展合理性、经济性、合法性、精准性、真实性的审查，有效避免企业行政干扰以及其他因素的干扰，切实有效地强化企业财务风险管控力度。

参考文献

[1] 张金寿. 谈企业财务管理的目标［J］. 淮南职业技术学院学报，2002，2（2）：9-11.

[2] 卢领，张天舒，曹永姝. 企业财务管理的目标［J］. 中国集体经济，2010（3）：139.

[3] 侯菊芬，杜俊梅. 浅述企业财务管理的目标［J］. 财经界（学术），2008（1）：68-69.

[4] 曹继娜. 提升企业财务管理方法的措施［J］. 科技创新与应用，2013（24）：273-273.

[5] 白宝祥. 浅析信息化时代的企业财务管理方法［J］. 内蒙古煤炭经济，2020（3）：97-98，100.

[6] 刘明玺. 财务预测管理体系构建［J］. 国际商务财会，2021（3）：78-81.

[7] 李军. 论财务管理环境［J］. 江西社会科学，2001（7）：169-171.

[8] 周洁. 财务管理环境变化对财务管理的影响［J］. 财讯，2022（2）：154-156.

[9] 卢军. 财务管理环境研究［J］. 科教文汇，2007（27）：180，183.

[10] 夏蕴湘. 基于企业财务管理环境的财务战略管理浅析［J］. 财讯，2022（19）：130-132.

[11] 李自钢. 企业财务管理环境分析［J］. 中小企业管理与科技，2014（32）：33-33，34.

[12] 陈丹萍. 论企业财务风险问题研究［J］. 经济师，2023（5）：93-94，96.

[13] 李珊. 企业财务风险与防范［J］. 中国民商，2022（11）：172-174.

[14] 张孟丽. 论企业财务风险管理［J］. 中国市场，2022（20）：170-172.

[15] 韩峰，魏海安. 现代企业筹资风险管理浅论［J］. 管理学家，2009（9）：60-61.

[16] 陈莉. 现代企业资产管理探析［J］. 全国流通经济，2017（14）：41-42.

[17] 须钢，赵佳宝. 现代企业资产管理研究［J］. 现代管理科学，2004（2）：69-70.

[18] 崔潇潇. 现代企业利润质量分析与探讨［J］. 现代商业，2011（9）：247-248.

[19] 陈学云. 浅议企业财务风险传导［J］. 新财经（理论版），2011（10）：355，357.

[20] 李斌. 企业财务风险传导机理及控制［J］. 改革与开放, 2017（12）: 123, 125.

[21] 张健刚. 企业财务风险传导机理分析［J］. 现代经济信息, 2017（10）: 269.

[22] 黎晓桦. 基于大数据的企业财务决策研究［J］. 投资与创业, 2021, 32（17）: 110-112.

[23] 陆尧怡. 大数据背景下企业财务决策变革［J］. 合作经济与科技, 2023（12）: 128-129.

[24] 吴鸿娇. 基于风险防控导向的企业财务管理体系构建［J］. 财会学习, 2023（10）: 40-42.

[25] 王桂莲. 企业风险管理探析［J］. 税务与经济, 2005（3）: 69-71.

[26] 张延波, 彭淑雄. 财务风险监测与危机预警［J］. 北京工商大学学报（社会科学版）, 2002（5）: 57-60.

[27] 郭梦婷. 大数据及可视化技术与财务分析的融合研究［J］. 中小企业管理与科技, 2022（17）: 109-111.

[28] 姜雪. 大数据时代下的企业内部控制分析［J］. 中国民商, 2022（2）: 56-58.

[29] 张建峰. 大数据时代下企业的内部控制优化路径探析［J］. 环渤海经济瞭望, 2022（5）: 25-27.

[30] 杨登和. 大数据时代下企业内部控制风险的防范措施研究［J］. 商业 2.0, 2023（5）: 16-18.

[31] 黎英. 大数据时代下企业内部控制建设的思考［J］. 会计师, 2020（18）: 48-49.

[32] 任真真. 财险企业风险管控刍议［J］. 经贸实践, 2017（19）: 95, 97.

[33] 臧冬冬. 民企财务管理现状及对策探究［J］. 品牌研究, 2023（13）: 109-112.

[34] 郭浩东. 企业财务管理中业财融合的应用［J］. 中小企业管理与科技, 2023（9）: 173-175.

[35] 贾锋. 企业财务管理中业财融合研究［J］. 中国集体经济, 2023（12）: 138-141.

[36] 陈洪兴. 企业财务管理［J］. 中外企业家, 2013（2）: 75, 77.

[37] 李昂. 大数据时代企业财务管理的创新分析［J］. 经济师, 2023（4）: 83-84.

[38] 田向莉. 大数据背景下企业财务管理面临的挑战与变革探讨［J］. 现代经济信息, 2023, 38（18）: 86-88.

[39] 刘学强. 关于大数据时代下企业财务管理的创新研究［J］. 中国商论, 2021（1）: 161-162.